もくじと学習の記録

本書に関する最新情報は，当社ホームページにある**本書の「サポート情報」**をご覧ください。（開設していない場合もございます。）

5年の復習①

月　日

時間 30分　合格 80点　得点　点

答え➡別さつ1ページ

1 次の――線の漢字の読みを書きなさい。（18点／一つ2点）

(1) この話は、みんなが案外知っていた。

(2) 町の境界には、川があります。

(3) あまりのショックで気絶しそうになった。

(4) 世界の歴史に精通している。

(5) 犬がどのような反応をするか見守ろう。

(6) この部屋の設備は整っている。

(7) 入場の許可をもらった。

(8) 練習の効果が表れてきた。

(9) 迷子《まいご》を駅の人が保護した。

2 次の――線の漢字の読みを書きなさい。（18点／一つ2点）

(1) 多くのむだを省かなくてはならない。

(2) 通りに店を構える。

(3) 人の情けをうける。

(4) 赤の水と、青の水を混ぜる。

(5) 試合は、一進一退《いったい》だ。

(6) 今日は、母が外出で留守番をします。

(7) マラソンは持久力がいります。

(8) ここは、安全地帯だ。

(9) セールで店内は混雑している。

3 次の——線のかたかなを漢字に直しなさい。(16点/一つ2点)

(1) 服がヤブれた。〔　〕

(2) ついに横づながヤブれた。〔　〕

(3) 昔からのカン習だ。〔　〕

(4) まちにまったゲームをカン戦する。〔　〕

(5) この液体は、強いサンセイを示している。〔　〕

(6) 全員が私《わたし》の意見にサンセイした。〔　〕

(7) 問い合わせにカイトウする仕事です。〔　〕

(8) 難《むずか》しい問題のカイトウを考えた。〔　〕

4 次の□に共通する部首の名前を書きなさい。(4点/一つ2点)

(1) 考□　求□　方□　〔　〕

(2) □火　□少　□多　〔　〕

5 反対の意味をもつ漢字どうしを、線で結びなさい。(10点/一つ2点)

(1) 損・　　・静

(2) 発・　　・復

(3) 往・　　・得

(4) 遠・　　・着

(5) 動・　　・近

6 次の漢字の赤い線の部分は何画目に書きますか。数字を書きなさい。(30点/一つ3点)

(1) 因〔　〕　(2) 衛〔　〕　(3) 興〔　〕　(4) 際〔　〕

(5) 準〔　〕　(6) 織〔　〕　(7) 武〔　〕　(8) 輸〔　〕

(9) 過〔　〕　(10) 快〔　〕

7 次の漢字の筆順で、正しいほうの記号を答えなさい。(4点/一つ2点)

(1)〔　〕　(2)〔　〕

(1) 再
ア 一 冂 币 再 再
イ 一 冂 冂 再 再 再

(2) 義
ア 丶 丷 䒑 ⺷ 羊 羊 羊 義 義 義 義 義 義
イ 丶 丷 䒑 ⺷ 羊 羊 羊 羊 羊 義 義 義 義

5年の復習②

答え➡別さつ1ページ

月　日

時間 30分　合格 80点　得点　点

1 次の文には漢字が間違《まちが》って使われています。その漢字に――線を引き、正しく書き直しなさい。(20点／一つ4点)

(1) 算数の費例を勉強した。〔　　〕

(2) 優勝《ゆうしょう》をめざしていたみんなの非願がかなった。〔　　〕

(3) ダンスは、経快なリズムでおどりたい。〔　　〕

(4) この小説は青春郡像をえがいている。〔　　〕

(5) この店は、二十四時間栄業です。〔　　〕

2 次の〔　〕に入る語をあとから選び、書き入れなさい。(12点／一つ3点)

(1) 台風のあとで、海には〔　　〕が残る。

(2) 風が強く〔　　〕が打ち寄せていた。

(3) 弱い風がふき、海は〔　　〕が立っていた。

(4) 地震《じしん》のあとには、〔　　〕がくることが多い。

津波《つなみ）　大波　波風　うねり　さざ波

3 次の言葉の意味にあたるものをあとから選び、記号で答えなさい。(15点／一つ3点)

(1) 手に入れる。〔　　〕

(2) 手も足もでない。〔　　〕

(3) 手に余る。〔　　〕

(4) のどから手がでる。〔　　〕

(5) 手にあせをにぎる。〔　　〕

ア 自分の力で始末できない。　イ 自分のものにする。

ウ 苦労して育てあげる。　エ どうなるかとはらはらする。

オ どうすることもできない。　カ ほしくてたまらない。

4 次の文のかなづかいの正しいほうの記号を答えなさい。(6点／一つ2点)

(1) このひもは{ア みじかすぎる。／イ みぢかすぎる。}〔　　〕

(2) 体験に{ア もとづいた／イ もとずいた}話があった。〔　　〕

(3) 二ひきの子犬が{ア じゃれあっている。／イ ぢゃれあっている。}〔　　〕

5 次の文の間違っている部分に——線を引き、正しく書き直しなさい。（25点／一つ5点）

(1) 今日は、みんなと遊んで、全然楽しかった。
〔　　〕

(2) ふと気がつくと、母は外出していらっしゃったみたいで、どこにもいなかった。
〔　　〕

(3) 父がよろしくとおっしゃっていました。
〔　　〕

(4) 花子さんは、いつもおずおずとしていて、クラス全員からたよられている。
〔　　〕

(5) 母は朝からいそがしくて、犬の世話まで手が回る。
〔　　〕

6 次のことわざや慣用句の意味に合うものを、あとから選び、記号で答えなさい。（12点／一つ3点）

(1) 板につく〔　　〕　(2) いっぱいくわされる〔　　〕

(3) のべつまくなし〔　　〕　(4) たががゆるむ〔　　〕

ア するどく物事の本質をつかむこと。
イ ひっきりなしに続けること。
ウ しまりがないこと。
エ 落ち着いて、まったくものごとに動じないこと。
オ 相手のいいようにだまされること。
カ 仕事などに慣れて、地位や職業がその人に合うように見えること。
キ なかなか、らちがあかないこと。

7 次の文の〔　〕にあてはまる言葉を選び、記号で答えなさい。（10点／一つ2点）

(1) このピッチャーは球が〔　　〕。〔**ア** 早い　**イ** 速い〕

(2) 心配〔　　〕用。〔**ア** 不　**イ** 無〕

(3) 道路と〔　　〕する鉄道。〔**ア** 並行《へいこう》　**イ** 平行〕

(4) 小さな子の〔　　〕笑顔《えがお》にいやされる。〔**ア** あどけない　**イ** おもはゆい〕

(5) ひとりで〔　　〕道を帰った。〔**ア** 悲しい　**イ** さびしい〕

5年の復習③

月　日

答え↓別さつ1ページ

時間 30分　合格 80点　得点　点

1 次の文章を読んで、あとの問いに答えなさい。

だから最近思うのは、①「どうして勉強するのか？」「どうして生きるのか？」ということを考えるためには、やっぱり実物教育が必要なんじゃないかということです。世の中には、生きているものが死んだり、また自分が生きるために、生きものを殺したり……ということがいっぱい起きているわけですが、そういう自然の摂理《せつり》を学ぶには、実物教育しかないのではないかと思うのです。

じつは二〇〇五年二月に、岩手県の葛巻町《くずまきまち》にある「森と風のがっこう」というところへ行ってきました。国内でも有数の豪雪《ごうせつ》地帯で、冬は零下《れいか》一〇度近くまで下がるような場所です。そこでは夏には子どもたちが川で魚をつかまえたり、レンガのかまどで火を熾《お》こしたりしながら自然を学んでいく。実物教育が実践《じっせん》されています。

そういう教育を学習教育として、小学生のときからやったほうがいいと思います。一年間のうち半分は、田舎《いなか》へ行って田植えをしたり、動物を育てたりして、実物と触《ふ》れ合うことが大切なのではないでしょうか。

結局、いくらリアルらしきものを作ったとしても、本物のリアルには勝てない。そしてリアルとの接触《せっしょく》なしには、どんなものでも学びたいという動機づけは生まれにくいということです。

リアルとの接触で得られるものに、もうひとつ〝知恵《ちえ》〟というものがあります。知恵というのは、学校の勉強とはまた違《ちが》っています。

これもまた体験論的なのですが、私《わたし》の母は文字が書けませんでした。でも、②生きるための知恵という点では、驚《おどろ》くほどいろいろなことを知っていました。

韓国《かんこく》では古くから旧暦《きゅうれき》が用いられていて、母は小さいときからその中で生きていたので、日本に来ても自分の内的な時間は、旧暦のリズムのままでした。

旧暦というのは非常によくできていて、自然植物の発芽や月の満ち欠けなど、博物学的ともいえるような知恵が含《ふく》まれています。小さいころ、私はそれがただの(ア)迷信だと思っていたのですが、そうではなかった。生きるための知恵がそこにはありました。

たとえば母は潮《しお》の満ち引きを正確に知っていて、一度も誤ったことがなかった。その結果として、アサリはいつ食べるといちばんうまいとか、渡《わた》り蟹《がに》はいつ食べるといちばん身が引き締《し》まっているか、なんていうことを的確に知っていました。

それから韓国の場合、野草をたくさん食べるのですが、その野草の季節も全部覚えていました。旧暦の世界では、自然と人事が強く結びついていて、見事にハーモニーを描《えが》いているようでした。

ところが私たちは今、そうした身体的なリズムを失ってしまっています。祖先の時代から蓄《たくわ》えられてきた知恵があっても、核《かく》家族化が進めば、それを仕入れる機会もなくなってしまう。

むしろ現代人に必要とされているのは、学校のチャイムに合わせて生きることですよね。始業のチャイムが鳴って、四五分授業があって、一二時には給食があって……という、このリズムで動いています。小学校に入学したときは、子どもたちはまず馴染《なじ》まないけれど、それに次第《しだい》に慣らされていく。

そうして始まるのがマニュアル化です。学校という時間の中で、ますますその傾向《けいこう》を強めていくわけです。でも、マニュアルは基本的に疲《つか》れます。だから現代人はみんな疲れているのです。私もマニュアル化された会議がいちばん嫌《きら》いだし、東大の学生をみても、ずっと優等生《ゆうとうせい》でやってきて、すでに燃え尽《つ》きている人もいます。

さらに自然界の㋑シュクメイとして、人間にはマニュアル化できない現象が起こり得るのです。その想定外のものに、マニュアル以外の知識で、どう対応していくことができるか。それが③本当の意味の知恵だと思います。

（姜《かん》尚中《さんじゅん》「ニッポン・サバイバル　不確かな時代を生き抜《ぬ》く10のヒント」）

---

(1) ══線㋐・㋑の漢字はひらがなに、かたかなは漢字に直しなさい。（20点／一つ10点）

㋐〔　　　〕　㋑〔　　　〕

(2) ──線①「『どうして勉強するのか？』『どうして生きるのか？』ということを考えるためには、やっぱり実物教育が必要なんじゃないか」とあります。なぜ筆者はそう考えているのか次から選び、記号で答えなさい。（20点）〔　　〕

ア 田舎に行って動物を育てる必要があるため。
イ 自然の摂理を学ぶため。
ウ 学校教育では学ぶことができないため。
エ リアルを体験するため。

(3) ──線②「生きるための知恵」とありますが、それはどのようなものですか。文中から例を一つあげなさい。（30点）

〔　　　　　　　〕

(4) ──線③「本当の意味の知恵」とありますが、それはどのような知恵のことですか。文中の言葉で答えなさい。（30点）

〔　　　　　　　〕

〔普連土学園中〕

1 漢字の読み方

ステップ1

1 ［6年生で習う漢字］ 次の――線の漢字の読みを送りがなもふくめて書きなさい。

(1) 大勢の人が集まっていた。〔　〕
(2) 町で公衆電話をみかけなくなった。〔　〕
(3) 彼《かれ》は筋道を立てて話します。〔　〕
(4) あの道は気味の悪いところだ。〔　〕〔　〕
(5) 弟の言うことを半信半疑で聞いていた。〔　〕〔　〕
(6) 雑誌《ざっし》の巻末ふろくに興味を持った。〔　〕
(7) 校庭の藤《ふじ》だなの花が垂れ下がっている。〔　〕〔　〕
(8) 今日も父は精力的に動き回った。〔　〕〔　〕

学習のねらい

ふつう、「音読み」は、熟語《じゅくご》を読むときに使い、「訓読み」は一字だけの漢字を読むときに使うが、いろいろな組み合わせもあるので、注意が必要である。

月　日

答え➡別さつ2ページ

2 ［音読み・訓読み］ 次の――線の漢字の読みを送りがなもふくめて書きなさい。

(1) 海辺の潮風にあたる。〔　〕
(2) 満潮時の水位を測らねばならない。〔　〕〔　〕
(3) 空気を吸う。〔　〕
(4) 公園で深呼吸をした。〔　〕
(5) 苦労することを、骨を折るという。〔　〕
(6) たくましい骨格だ。〔　〕
(7) 下級生の子と砂場で遊んだ。〔　〕
(8) 日本の海辺には防砂林が多くある。〔　〕
(9) 岸に沿って歩く。〔　〕

(10) 沿道が群衆《ぐんしゅう》で混雑している。〔　　〕

(11) それは幼い考えだ。〔　　〕

(12) クワガタの幼虫を育てている。〔　　〕

(13) どこかに隠《かく》されたプレゼントを探し始めた。〔　　〕

(14) いつもすばらしい報告をしてくれる南極探検隊だ。〔　　〕

(15) これは縦書きの文章です。〔　　〕

(16) 日本列島を自転車で縦断する。〔　　〕

(17) 人の往来が激しい。〔　　〕

(18) 急激な変化についていけない。〔　　〕

(19) 母の姿が見えない。〔　　〕

(20) 美しい容姿の姉だ。〔　　〕

---

3 〔熟語の読み方〕次の――線の熟語の読みを書きなさい。

(1) 私《わたし》の役割は、後かたづけだ。〔　　〕

(2) 知らない店に行くので略図を描《か》いてもらった。〔　　〕

(3) いつも得意になって話をする。〔　　〕

(4) やはり往復のきっぷが必要だ。〔　　〕

(5) 観察をしていた鳥がきたのは、真夜中のことだった。〔　　〕

4 〔同音異字・同訓異字〕次の〔　〕の中で、正しい漢字で表されたものを選び、書きなさい。

(1) 道のりを〔測った・量った・計った〕。〔　　〕

(2) 税金を〔修める・納める・治める・収める〕。〔　　〕

(3) 美しい糸で布を〔折る・織る〕。〔　　〕

(4) この部屋は〔快適だ・快敵だ・快的だ〕。〔　　〕

ステップ2

月　日

答え↓別さつ2ページ

時間 30分　合格 80点　得点　点

1 次の——線の漢字の読みを書きなさい。（10点／一つ2点）

(1) 青春の熱き血潮がたぎる。

(2) 居所を知らせる。

(3) きれいな衣装に着替えた。

(4) 激《はげ》しい口論になった。

(5) ごはんを茶わんに盛る。

2 次の言葉で指示された漢字をあとから選び、その読みを書きなさい。（20点／一つ2点）

	漢字	読み
(1) 永久（よく似たもの）……		
(2) 境界（よく似たもの）……		
(3) 地味（反対のもの）……		
(4) 復路（反対のもの）……		
(5) 複雑（反対のもの）……		

単純・素直・永遠・派手・利益・境目・往路・簡潔

3 次の——線の漢字の読みを書きなさい。（20点／一つ1点）

(1) 線路の雪を、除雪車が取り除いた。

(2) 厳しい訓練によって、厳重な守りができた。

(3) いっせいに名前を呼んで、点呼をとった。

(4) 方向を誤ったことが誤算だ。

(5) 軽傷のすり傷で助かった。

(6) 乳牛からしぼった乳を飲んだ。

(7) 尊い命を守るという考えを尊重する。

(8) 同窓会のはなやかな様子を窓ごしに見た。

(9) ちょう刻刀で自分の名前を刻んだ。

(10) すぐ人を疑うのは、疑問だ。

4 次の――線の漢字の読みを書きなさい。（20点／一つ2点）

(1) 丸い蛍光灯を見上げた。〔　　〕

(2) 少女が白いドレスを広げて踊る。〔　　〕

(3) 父は解熱剤《ざい》をもって二階にあがった。〔　　〕

(4) 加湿器《かしつき》が白い霧をつくった。〔　　〕

(5) ミオはベッドの脇に寄った。〔　　〕

(6) 妹を守るように布団の上に手をわたした。〔　　〕

(7) だれとも離れて、ひとりぼっちなのだろう。〔　　〕

(8) 台所の戸棚からアイスピックをひっぱりだした。〔　　〕

(9) 広い駐車場《ちゅうしゃじょう》は、街道に面している。〔　　〕

(10) ママはふたりの顔をふしぎそうに交互にながめた。〔　　〕

〔三輪田学園中―改〕

5 次の(1)～(5)に入る漢字一字を記し、その読みを書きなさい。（10点／一つ1点）

(1) 彼《かれ》らは新□地を求めて旅立っていった。　読み〔　　〕

(2) □後日とは、あさってのことです。　読み〔　　〕

(3) □昨日とは、おとといのことです。　読み〔　　〕

(4) □足らずな説明で、よく理解できなかった。　読み〔　　〕

(5) 「一年の□は元旦《がんたん》にあり」と言われています。　読み〔　　〕

〔目黒星美学園中〕

6 次の(1)～(4)の四字熟語《じゅくご》の□に入る漢字を、〔　〕から選んで書き入れ、その読みを〔　〕に書きなさい。（20点／完答一つ5点）

(1) 危機一□　〔発　髪　初〕　〔　　〕

(2) 大同小□　〔異　意　位〕　〔　　〕

(3) 絶□絶命　〔対　代　体〕　〔　　〕

(4) 優柔不□　〔男　断　段〕　〔　　〕

〔横浜富士見丘学園中〕

2 漢字の書き方

学習のねらい
正しい漢字の書き方（筆順）・画数とともに、いろいろな言葉も覚えましょう。また、部首を正しく理解して、漢字のもつ意味を理解していきましょう。

月　日

答え⬇別さつ3ページ

ステップ1

1 ［書き取り］次の――線のかたかなを漢字に直しなさい。

(1) ツクエの上を整理する。〔　　〕

(2) ゲーム機の飛行機をソウジュウする。〔　　〕

(3) 電車をオりて、改札口のところで待っています。〔　　〕

(4) 雨がやんで、かさのワスれ物がふえました。〔　　〕

(5) 母のスガタが見えない。〔　　〕

(6) 水面につり糸がタれ下がっていました。〔　　〕

(7) ノウを活性化することを書いた本が売れています。〔　　〕

(8) ここは、リンカイ工業地帯です。〔　　〕

2 ［筆順］次の漢字の筆順で、正しいほうの記号を答えなさい。

(1) 脈
ア 冂 月 肜 肜 脈 脈 脈 脈
イ 冂 月 月 肜 脈 脈 脈
〔　　〕

(2) 閣
ア ヨ 尸 門 門 閉 閔 閣
イ 丨 尸 門 門 閉 閔 閣
〔　　〕

(3) 秘
ア 二 千 禾 秒 秘 秘 秘
イ 二 千 禾 禾 私 私 秘
〔　　〕

(4) 断
ア 丷 米 㫁 断 断
イ 𠃊 㫁 㫁 断 断
〔　　〕

(5) 兆
ア 丶 冫 兆 兆 兆
イ 丿 刂 兆 兆 兆
〔　　〕

(6) 卵
ア 𠂉 卩 卯 卵 卵
イ 𠂉 卯 卯 卵 卵
〔　　〕

(7) 衆
ア ノ 血 衆 衆 衆 衆 衆
イ ノ 血 衆 衆 衆 衆 衆
〔　　〕

3 ［画数］次の漢字の画数を書きなさい。

(1) 収〔　　〕 (2) 識〔　　〕 (3) 箇〔　　〕 (4) 郷〔　　〕
(5) 純〔　　〕 (6) 乱〔　　〕 (7) 刻〔　　〕 (8) 誤〔　　〕
(9) 骨〔　　〕 (10) 遺〔　　〕 (11) 延〔　　〕 (12) 磁〔　　〕
(13) 革〔　　〕 (14) 吸〔　　〕 (15) 権〔　　〕 (16) 障〔　　〕

重要

4 ［画数］次の漢字で(1)〜(12)は、何画目に書くのが正しいですか。数字を書きなさい。

映(1)　窓(2)　値(3)　巻(4)
腹(5)　蔵(6)　署(7)　看(8)
発(9)　臣(10)　革(11)　源(12)

(1)〔　　〕 (2)〔　　〕 (3)〔　　〕 (4)〔　　〕
(5)〔　　〕 (6)〔　　〕 (7)〔　　〕 (8)〔　　〕
(9)〔　　〕 (10)〔　　〕 (11)〔　　〕 (12)〔　　〕

5 ［部首］次の漢字の部首名を書きなさい。

(1) 源〔　　〕 (2) 線〔　　〕
(3) 箇〔　　〕 (4) 創〔　　〕
(5) 問〔　　〕 (6) 探〔　　〕
(7) 径〔　　〕 (8) 住〔　　〕
(9) 測〔　　〕 (10) 陽〔　　〕

6 ［漢字の組み立て］次の各問いに答えなさい。

(1) □の位置にあてはめたとき、それぞれが漢字になるように、共通する漢字を一つ書きなさい。

① 隹□　亻□　□莫　□旦〔　　〕
② 卯□　□各　火□　□力〔　　〕

(2) それぞれに同じ部首をつけると、四つの漢字ができます。その部首を書きなさい。

① 复　匈　凶　蔵〔　　〕
② 丁　車　坐　廷〔　　〕

ステップ2

月　日

答え⬇別さつ3ページ

時間 30分　合格 80点　得点　点

1 次の漢字の筆順で、正しいものには○を、間違《まちが》っているものは書き直しなさい。（21点／一つ3点）

例
(ア) 正しい場合　延〔ノ 亻 千 正 正 延 延 延〕〔　○　〕
(イ) 間違いの場合　秘〔二 千 禾 禾 私 秘 秘〕〔二 千 禾 禾 私 秘 秘〕

(1) 域〔十 圥 圻 坷 垣 域 域 域〕〔　　〕
(2) 届〔コ 尸 尸 局 局 届 届〕〔　　〕
(3) 背〔丶 十 士 丬 北 北 背 背〕〔　　〕
(4) 好〔一 七 女 好 好 好〕〔　　〕
(5) 城〔土 圹 圻 城 城 城〕〔　　〕
(6) 存〔一 ナ 才 存 存 存〕〔　　〕
(7) 骨〔冂 冂 冎 冎 骨 骨 骨 骨〕〔　　〕

2 次の漢字の部首を記号で答えなさい。（10点／一つ1点）

(1) 都〔　〕　(2) 回〔　〕　(3) 前〔　〕　(4) 登〔　〕
(5) 難〔　〕　(6) 空〔　〕　(7) 庫〔　〕　(8) 福〔　〕
(9) 熟〔　〕　(10) 歌〔　〕

ア しめすへん　イ おおざと　ウ ふるとり
エ あくび（かける）　オ あなかんむり
カ くにがまえ　キ まだれ　ク はつがしら
ケ れんが（れっか）　コ りっとう

3 次の熟語《じゅくご》の意味を漢和辞典で調べます。熟語の上の字は総画索引《さくいん》の何画のところにありますか。下の〔　〕にそれぞれの画数を書き、横の（　）に読みがなを書きなさい。（24点／一つ2点）

(1) 空間（　）〔　〕画　(2) 視野（　）〔　〕画　(3) 宿命（　）〔　〕画
(4) 観測（　）〔　〕画　(5) 素質（　）〔　〕画　(6) 独特（　）〔　〕画
(7) 私欲（　）〔　〕画　(8) 経験（　）〔　〕画　(9) 権力（　）〔　〕画
(10) 厳格（　）〔　〕画　(11) 派生（　）〔　〕画　(12) 精密（　）〔　〕画

重要

5

4 次の漢字を漢和辞典で引くとき、どの部首のところを引きますか。総画数で引くときには、何画のところを見ますか。また、熟語もつくりなさい。答えは例にならって表に書きなさい。（30点／一つ1点）

	漢字	部首名	総画数	熟語
例	訪	ごんべん	11	訪問
(1)	痛			
(2)	呼			
(3)	誤			
(4)	税			
(5)	創			
(6)	宗			
(7)	建			
(8)	困			
(9)	列			
(10)	電			

5 次の（　）にあてはまる適切な言葉を、記号で答えなさい。（5点／一つ1点）

読み方のわからない漢字を(1)〔　〕で調べるには、まず(2)〔　〕の(3)〔　〕を考えて、その(4)〔　〕を数えます。

読み方がわかっていて、意味のわからない言葉を調べるには、(5)〔　〕を使います。

ア 画数　イ 国語辞典　ウ 漢和辞典　エ 部首

オ 漢字　カ 記号　キ 意味

6 （　）内の意味を表す漢字になるように、ふさわしい部首を書きなさい。（10点／一つ1点）

(1) 亡（おぼえていたことを、思い出せない）〔　〕

(2) 化（草や木のつぼみが形をかえて開いたもの）〔　〕

(3) 吉（二本のひもをほどけないようにしてつなぐ）〔　〕

(4) 女（危険のない状態）〔　〕

(5) 昭（明るくかがやいている）〔　〕

(6) 責（穀物《こくもつ》などを一か所に集め、高く重ねる）〔　〕

(7) 不（「そうでない」と、はっきり言葉で打ち消す）〔　〕

(8) 分（必要なものがとぼしい様子）〔　〕

(9) 木（どうしてよいかわからず苦しむ）〔　〕

(10) 少（海岸や川の岸にある小さい石のつぶ）〔　〕

〔湘南学園中―改〕

3 熟語《じゅくご》の意味と組み立て

学習のねらい

熟語の組み立てをよく理解しましょう。また、熟語には、同音意義語が多くあります。意味としては反対語や類義語などもあります。四字熟語にも注意しましょう。

月　日

答え➡別さつ3ページ

ステップ1

1 〔熟語〕次の意味にあたる熟語を下から選び、記号で答えなさい。

(1) ちょうどよいこと〔　　〕
(2) 混じり気のないこと〔　　〕
(3) たくわえておくこと〔　　〕
(4) 神経がたかぶること〔　　〕
(5) 細かくくわしいこと〔　　〕

ア 純粋《じゅんすい》
イ 興奮《こうふん》
ウ 貯蔵《ちょぞう》
エ 可能
オ 適当
カ 精密《せいみつ》

2 〔反対語〕次の言葉の反対の意味を表す熟語を書きなさい。

(1) 長所〔　　〕　(2) 結果〔　　〕
(3) 平和〔　　〕　(4) 収入〔　　〕
(5) 失敗〔　　〕　(6) 後退〔　　〕
(7) 運動〔　　〕　(8) 閉会〔　　〕
(9) 益虫〔　　〕　(10) 幸福〔　　〕
(11) 出席〔　　〕　(12) 敗北〔　　〕
(13) 自然〔　　〕　(14) 輸入〔　　〕
(15) 入院〔　　〕　(16) 積極〔　　〕
(17) 南極〔　　〕　(18) 上水〔　　〕

3 〔対語〕次の熟語が両方で一組になるように、線で結びなさい。

(1)

西洋・　　・兄弟
冬至・　　・女子
姉妹・　　・東洋
形式・　　・夏至
男子・　　・内容

(2)

肉体・　　・支店
本店・　　・山陽
山陰・　　・子孫
春分・　　・秋分
祖先・　　・精神

4 〔類義語〕次の熟語と同じような意味を表す熟語をあとから選び、記号で答えなさい。

(1) 改革《かいかく》〔　〕 (2) 志願〔　〕 (3) 公平〔　〕
(4) 勤勉《きんべん》〔　〕 (5) 見学〔　〕 (6) 平生〔　〕
(7) 刊行〔　〕 (8) 未開〔　〕 (9) 死亡《しぼう》〔　〕
(10) 祖国〔　〕 (11) 同意〔　〕 (12) 意外〔　〕
(13) 天然〔　〕 (14) 真心〔　〕 (15) 手段《しゅだん》〔　〕

ア 参観　イ 平等　ウ 原始　エ 発行　オ 努力
カ 他界　キ 案外　ク 自然　ケ 志望　コ 平素
サ 賛成　シ 改新　ス 誠意《せいい》　セ 方法　ソ 故国

5 〔同類語〕次の熟語と、それぞれ意味はちがうが、同じなかまの熟語をあとから選び、記号で答えなさい。

(1) 液体〔　〕 (2) 日食〔　〕 (3) 立法〔　〕

ア 行政　イ 固体　ウ 会話　エ 月食

重要

6 〔共通の漢字〕次のそれぞれの□の中に入る共通の漢字を、□から選び、熟語をつくりなさい。

(1) 人□　□限　□力
(2) 地□　区□　水□
(3) 俳《はい》□　□美　□勝
(4) 去□　□職　□任

優　域　復　就　権

重要

7 〔熟語〕次の□に「不・無・非・未」のいずれかの漢字を入れて、打ち消しの意味を表す熟語をつくりなさい。

(1) □公平　(2) □知　(3) □合法
(4) □公式　(5) □合理　(6) □関係
(7) □開　(8) □視　(9) □成年
(10) □売品　(11) □責任　(12) □潔

ステップ2

答え➡別さつ4ページ

月　日
時間 20分　合格 80点　得点　点

1 次の熟語《じゅくご》とよく似た組み立てになるように、□に漢字を入れなさい。(8点/一つ1点)

(1) 思考 ― 解□
(2) 山々 ― □々
(3) 読書 ― □城
(4) 善悪《ぜんあく》 ― □私
(5) 否定《ひてい》 ― □決
(6) 異国 ― □線
(7) 勝敗 ― □重
(8) 失業 ― □船

2 次の□に漢字を一字入れ、熟語をつくりなさい。ただし、ならんでいる三つの漢字のどれと結んでも熟語となることができるものにかぎります。(10点/一つ1点)

例 会 退 入 → 場
漁 → 師 業 村

(1) 図 提 名 → □
(2) 発 速 配 → □
(3) 言 討 議 → □
(4) 体 厳 資 → □
(5) 法 反 規 → □
(6) □ → 決 熱 散
(7) □ → 出 業 物
(8) □ → 電 止 車
(9) □ → 力 引 敵
(10) □ → 想 謝 動

(慶応義塾普通部)

3 次の文中の――線を熟語に改めなさい。(20点/一つ2点)

(1) 彼《かれ》のすぐれた点は、何事にも熱心であることだ。〔　〕
(2) 一生、研究を続けていくことは、たやすいことでない。〔　〕
(3) この部屋は、よごれがなくきれいですね。〔　〕
(4) 学校が、建てかえられた。〔　〕
(5) まだ知らないことが、この世界には多いです。〔　〕
(6) 学級新聞の編集には、むだなことをはぶいていくことだ。〔　〕
(7) 遊園地でまよっている子を見つけた。〔　〕
(8) 私《わたし》の権利《けんり》を君にゆだねまかせましょう。〔　〕
(9) 平和は、長くいつまでも続いてほしい。〔　〕
(10) 彼は、はげしい言いぶりで演説した。〔　〕

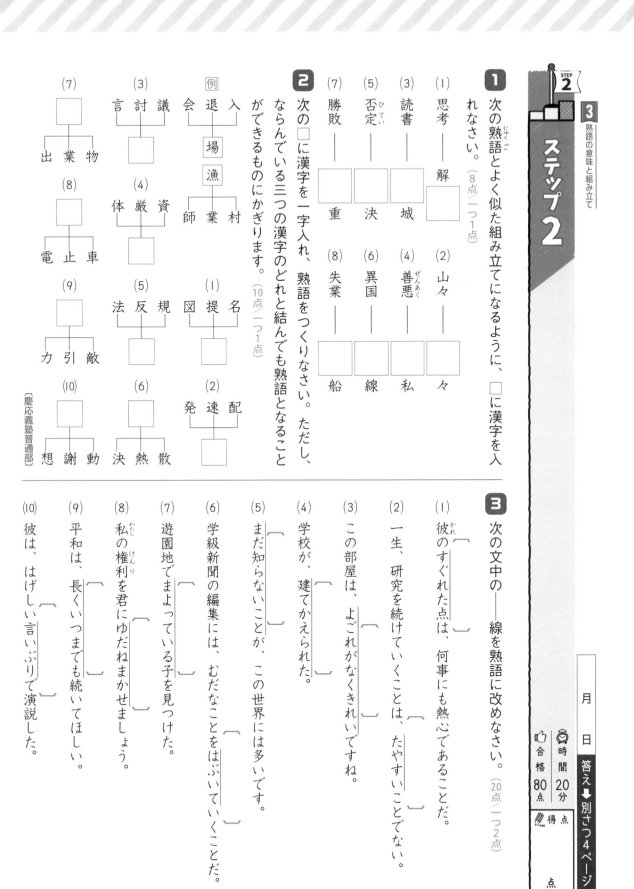

4 次の熟語の反対の意味を表す熟語を、あとから選び、記号で書きなさい。（12点／一つ1点）

(1) 質素〔　〕 (2) 安心〔　〕 (3) 文明〔　〕
(4) 楽観〔　〕 (5) 到着《とうちゃく》〔　〕 (6) 友情〔　〕
(7) 独創《どくそう》〔　〕 (8) 原因〔　〕 (9) 空想〔　〕
(10) 建設〔　〕 (11) 快楽〔　〕 (12) 服従《ふくじゅう》〔　〕

ア 現実　イ 破壊《はかい》　ウ 温暖《おんだん》　エ 結果　オ 野蛮《やばん》
カ 出発　キ 華美《かび》　ク 低地　ケ 敵意　コ 反抗《はんこう》
サ 苦痛《くつう》　シ 悲観　ス 革新《かくしん》　セ 心配　ソ 模倣《もほう》

5 次のそれぞれの中から、同じような意味の熟語（類義語）を、例にならって二つ選びなさい。（12点／一つ3点）

例 ア 用心　イ 中心　ウ 心外　エ 意識　オ 意外　〔ウ オ〕
(1) ア 準備　イ 規準　ウ 決意　エ 用意　オ 不備　〔　〕
(2) ア 休日　イ 休養　ウ 栄養　エ 静養　オ 月日　〔　〕
(3) ア 進歩　イ 散歩　ウ 進退《しんたい》　エ 以上　オ 向上　〔　〕
(4) ア 安心　イ 心配　ウ 不安　エ 配達　オ 速達　〔　〕

〔帝塚山中〕

6 例にならって、次の(1)・(2)の□に入る漢字を書きなさい。（4点／一つ2点）

例
思 → 考
参 → 考 → 察
考 → 案

(1)
書 → □
保 → □ → 意
□ → 守

(2)
根 → □
古 → □ → 物
□ → 性

〔國學院大久我山中〕

7 次の二つの言葉の関係と同じ関係になる組み合わせを、あとから一つ選び、記号で答えなさい。（4点）

〔短縮―延長〕 〔　〕
ア 明朗《めいろう》―快活　イ 貴重《きちょう》―重要
ウ 複雑―単純《たんじゅん》　エ 装置《そうち》―設備

〔國學院大久我山中〕

8 次の□に適切な漢字を[　]から選び、四字熟語をつくりなさい。（30点／一つ2点）

(1) 政治経□ (2) 利□主義 (3) 文化□産
(4) 異□同音 (5) 南極□検 (6) 世□調査
(7) 一朝一□ (8) 適□適所 (9) 四□五入
(10) 義□教育 (11) 雨天□延 (12) 横□歩道
(13) 教育□度 (14) 一□千金 (15) 用□周到《しゅうとう》

材　意　断　済　己　遺　制　夕
順　刻　探　務　論　捨　口　月

ステップ3 (1～3)

月　日

答え➡別さつ4ページ

時間 30分　合格 80点　得点　点

1 次の——線のかたかなを漢字に直したとき、他と異《こと》なる漢字を用いるものを一つ選び、記号で答えなさい。（28点／一つ7点）

(1)
ア 堤防《ていぼう》で暴れ川をオサめる。
イ 運動会で勝利をオサめる。
ウ 期待以上の効果をオサめる。
エ 楽器をケースにオサめる。
〔　　〕

(2)
ア あこがれの職業にツく。
イ 列車が駅にツく。
ウ 家に荷物がツく。
エ 合図で座席《ざせき》にツく。
〔　　〕

(3)
ア 力任せに扉《とびら》をオす。
イ 彼《かれ》を委員長にオす。
ウ 書類にはんこをオす。
エ もう一度念をオす。
〔　　〕

(4)
ア 徹夜《てつや》しても若《わか》いうちは無理がキく。
イ 犬は人間よりもはるかに鼻がキく。
ウ 彼女《かのじょ》の活躍《かつやく》ぶりを風の便りにキく。
エ うまくいくように先生が口をキく。
〔　　〕

〔日本大第二中〕

2 次の——線のかたかなを漢字に直しなさい。（20点／一つ2点）

(1) 試合のホケツに選ばれる。〔　　〕
(2) 自分の生活をキズく。〔　　〕
(3) 正しいシセイで読書をする。〔　　〕
(4) 暴風警報《けいほう》がカイジョされる。〔　　〕
(5) 実力を十分にハッキする。〔　　〕
(6) 遊び場をテイキョウする。〔　　〕
(7) メンミツな計画を立てる。〔　　〕
(8) オンセン保養に行く。〔　　〕
(9) ドクソウ的な考え方をする。〔　　〕
(10) キリツ正しい生活をする。〔　　〕

3 次の文章を読んで、あとの問いに答えなさい。

企業《きぎょう》は自らが生き残るために、常にA大変な思いで新しいaジギョウを見つけて切り開いている。

しかし、新しいアイデアを出し続けるのはbコンナンだ。どのアイデアもB似たりよったり。そんな時、昔のジギョウを現代風にすることで、新たな道が開けることがある。

昔の着物の生地《きじ》を使ったドレス、昔ながらの「かまど炊《だ》き」を再現した炊《すい》飯器など、多くの「古くて新しい」アイデアが企業の c カクシンを担《にな》っている。

(1) ――線「企業」と同じ意味の熟語《じゅくご》を、次の中から二つの漢字を組み合わせて答えなさい。(6点)

営・社・美・店・特・起・会・開　〔　　〕

(2) ＝線A・Bの言葉の意味を変えないように、次の中からかたかなを選び、熟語に直して書きなさい。(6点／一つ3点)

A〔　　〕　B〔　　〕

シンショウボウダイ　ダイドウショウイ

シクハック　ヒャッパツヒャクチュウ

(3) 〰線a～cのかたかなを漢字に直しなさい。(6点／一つ2点)

a〔　　〕　b〔　　〕　c〔　　〕

〔山脇学園中〕

4 次の漢字の部首を書き、部首名をあとの語群から選び、記号で答えなさい。(12点／一つ2点)

部首　・　部首名

(1) 服〔　　〕・〔　　〕

(2) 交〔　　〕・〔　　〕

(3) 難〔　　〕・〔　　〕

〔語群〕

ア るまた　イ なべぶた（けいさんかんむり）

ウ おおがい　エ つきへん　オ ふるとり

カ ちち

〔日本大第二中〕

5 次の(1)～(6)の、ものを数える言葉をあとから選び、記号で答えなさい。(12点／一つ2点)

(1) 豆腐《とうふ》を一〔　　〕買う　(2) 一〔　　〕の牛

(3) 一〔　　〕の手紙　(4) 和歌を一〔　　〕よむ

(5) 一〔　　〕の花　(6) 一〔　　〕の箸《はし》

ア 輪　イ 本　ウ 匹　エ 通　オ 首

カ 頭　キ 膳《ぜん》　ク 句　ケ 個　コ 丁

6 次の(1)と(2)の□にあてはまる漢数字を入れて四字熟語を完成させなさい。また、その四字熟語の意味をあとから一つずつ選び、〔　〕に記号で答えなさい。(10点／完答一つ5点)

(1) □石□鳥〔　　〕　(2) □人□色〔　　〕

【意味】ア 喜んだり心配したりすること。

イ 失敗をくり返しながらよい方法にたどりつくこと。

ウ 人の好みや考えはそれぞれちがうということ。

エ 初めから終わりまで同じやり方を通すこと。

オ 一つのことを行って二つの利益をあげること。

〔お茶の水女子大附中〕

4 言葉の意味

月　日

答え⬇別さつ5ページ

学習のねらい

二字熟語《じゅくご》などは組み立てから、意味を予想できます。二字で文になるかどうかなど、その関係をさぐることです。ことわざは、よくテストに出題されます。

ステップ1

1 〔言葉の意味〕次の文の（　）内の言葉のうち、あてはまるものを一つずつ選び、記号で答えなさい。

(1) 濃《こ》い青空には、春の国から生まれて来たかと思われる白雲が、山のふところから（**ア** ぽっかり　**イ** うっかり　**ウ** ちゃっかり）顔を出す。

(2) （**ア** ささやかな　**イ** やわらかな　**ウ** すこやかな）日ざしが窓《まど》いっぱいにふりそそぐ。

(3) 縁先《えんさき》の雪が（**ア** うららかな　**イ** かすかな　**ウ** たからかな）音をたててくずれる。

(4) 風は（**ア** また　**イ** でも　**ウ** まだ）うすら寒い。

(1)〔　　〕(2)〔　　〕(3)〔　　〕(4)〔　　〕

2 〔和語と漢語〕次の言葉を和語と漢語に分け、記号で答えなさい。

ア 是非《ぜひ》　**イ** 衣《ころも》　**ウ** 頭《かしら》　**エ** 事件　**オ** 法律《ほうりつ》

和語〔　　〕　漢語〔　　〕

3 〔熟語《じゅくご》〕次の熟語の中で、「下から上へと意味をとっていくもの」にはア、「上から下へと意味をとっていくもの」にはイの記号を書きなさい。

(1) 決心〔　　〕　(2) 登山〔　　〕　(3) 再開〔　　〕

(4) 予習〔　　〕　(5) 曲線〔　　〕　(6) 絶望〔　　〕

(7) 消火〔　　〕　(8) 向上〔　　〕　(9) 弱点〔　　〕

(10) 失意〔　　〕　(11) 従事《じゅうじ》〔　　〕　(12) 高価〔　　〕

重要

4 〔慣用句〕次の〔　〕にあてはまる言葉を［　］から選び、〈　〉に示した意味の慣用句にしなさい。

(1) 耳が〔　　〕〈いろいろなことをすばやく聞いて知っている。〉

(2) 腹が〔　　〕〈心の中に悪い考えを持っている。〉

(3) 鼻が〔　　〕〈人にほこれることがあり、得意である。〉

痛《いた》い　早い
悪い　黒い
高い　重い

〔香川大附属坂出中〕

重要

5

［慣用句］次の(1)〜(5)は、手に関係のある言葉を集めたものです。その意味をあとから選び、記号で答えなさい。

(1) 手をにぎる〔　　〕
(2) 手をぬく〔　　〕
(3) 手をかす〔　　〕
(4) 手にのる〔　　〕
(5) 手をかえる〔　　〕

ア てつだう。　イ こうさんする。　ウ やり方をかえる。
エ なかよくなる。　オ うでがいい。　カ いいかげんにする。
キ だまされる。

〔日出女子学園中〕

6

［ことわざ］次の(1)〜(4)のことわざや慣用句に最も近い意味のものを選び、例にならって漢字に直しなさい。

例 石橋をたたいて渡《わた》る
〔せいじつ・しんぱい・せつやく・ようじん・きけん〕〔用心〕

(1) 石の上にも三年
〔こんき・ゆだん・しゅうかん・しゅぎょう・しっそ〕〔　　〕

(2) 鬼《おに》の首を取ったよう
〔せいこう・とくい・ゆうき・いがい・ちゅうもく〕〔　　〕

(3) 河童《かっぱ》の川流れ
〔きよう・むえき・しっぱい・さいなん・とくぎ〕〔　　〕

(4) 五十歩百歩
〔たいさ・しょうさ・きょうそう・ばいりつ・そくりょく〕〔　　〕

〔横浜雙葉中〕

7

［言葉の意味］次の言葉の意味にあたるものをあとから選び、記号で答えなさい。

(1) 気がおけない〔　　〕
(2) お茶をにごす〔　　〕
(3) 楽観を許さぬ〔　　〕
(4) おもむろに歩く〔　　〕
(5) 端的《たんてき》にいえば〔　　〕
(6) きもをつぶす〔　　〕
(7) 長足の進歩〔　　〕
(8) 根ほり葉ほり〔　　〕
(9) 生計に心を労す〔　　〕
(10) もっけの幸い〔　　〕
(11) 如実《にょじつ》に物語る〔　　〕
(12) 後ろがみを引かれる〔　　〕
(13) 容易ならぬ〔　　〕
(14) 腹をすえる〔　　〕
(15) 寒心にたえない〔　　〕

ア かくごをする。　イ わりが悪い。
ウ 心残りがする。　エ おそれて心がぞっとする。
オ そうかんたんではない。　カ びっくりする。
キ 細かいことまで聞き出そうとする様子。
ク えんりょがいらない。　ケ 安心のできないこと。
コ ゆっくり歩く。　サ はっきりと言うこと。
シ いいかげんにその場をごまかす。
ス くらしむきをたいへん心配する。
セ いかにもそのままのすがたを表している。
ソ 思いもよらずつごうのよいこと。
タ 非常にはやく進むこと。

ステップ2

月　日
答え➡別さつ5ページ

時間 30分　合格 80点　得点　点

1 次の□の中の言葉を、五つに分類してみました。あてはまるところに書き入れなさい。（15点／一つ3点）

政党《せいとう》　宣伝《せんでん》　走る　腸《ちょう》　治める　うれしい
喜ぶ　遊ぶ　胃《い》　悲観　政府　報道

(1) 人間の気持ちを表す意味をふくむもの。〔　〕〔　〕

(2) 政治に関係のあるもの。〔　〕〔　〕

(3) 何かを知らせる意味をふくむもの。〔　〕

(4) 内臓《ないぞう》を表すもの。〔　〕

(5) 動作を表すもの。〔　〕

2 次の――線の言葉は、ア～ウのどの意味をもっているのか、記号で答えなさい。（8点／一つ4点）

(1) 息を吸って、胸《むね》をふくらませる。〔　〕

(2) 父の言葉が胸にひびいた。〔　〕

ア 心の中、本心　イ 表情　ウ 体の部分

3 次の(1)～(5)の□に色を表す漢字一字を入れて、その意味をあとから選び、記号で答えなさい。（15点／完答一つ3点）

(1) 紺屋《こうや》の□ばかま〔　〕

(2) 朱《しゅ》に交われば□くなる〔　〕

(3) 目を白□させる〔　〕

(4) □一点〔　〕

(5) □二才〔　〕

ア つきあう相手によって良い人にも悪い人にもなること。
イ 心の中をつつみかくすことのないこと。
ウ 多くの男性の中に一人の女性がいること。
エ 専門家《せんもんか》でも自分のことはおろそかにしがちなこと。
オ 人が力なくしおれている様子のこと。
カ 苦しがっていたりひどくおどろいている様子のこと。
キ まだおさなく、未熟《みじゅく》な様子のこと。

〔山脇学園中〕

4 次のことわざ・慣用句の□に入る漢字を組み合わせると四字熟語《じゅくご》になります。その四字熟語を漢字で答えなさい。（12点）

□は災《わざわ》いのもと。　弱□をはく。

縁《えん》は□なもの味なもの。　一心□体　〔　　〕〔國學院大久我山中〕

5 次の(1)〜(6)の〔　〕にあてはまる言葉を、あとから一つずつ選び、記号で答えなさい。（18点／一つ3点）

(1) 二人で〔　　〕を割《わ》って話し合う。
(2) 全く別の話題を持ち出して話の〔　　〕を折る。
(3) 彼《かれ》に〔　　〕で笑われた。
(4) テレビに出て〔　　〕を売る。
(5) 名人の見事な技《わざ》に〔　　〕を巻《ま》く。
(6) 〔　　〕が足りないので協力をお願いする。

ア 腰《こし》　イ 舌《した》　ウ 腹《はら》　エ 顔　オ 手　カ 鼻

〔自修館中〕

6 次のことわざ・慣用句に関係の深い四字熟語をあとから選び、記号で答えなさい。（12点／一つ3点）

(1) 備えあれば憂《うれ》いなし〔　　〕　(2) 蛙《かえる》の面《つら》に水〔　　〕
(3) 身から出たさび〔　　〕　(4) しり馬に乗る〔　　〕

ア 温故知新　イ 我田引水《がでんいんすい》　ウ 用意周到《よういしゅうとう》　エ 付和雷同《ふわらいどう》
オ 馬耳東風《ばじとうふう》　カ 自業自得《じごうじとく》　キ 一喜一憂《いっきいちゆう》　ク 心機一転

〔日本大第二中〕

重要

7 上の段《だん》の言葉の意味にあたるものを下の段から選び、記号で答えなさい。（20点／一つ1点）

(1) あいづちをうつ〔　　〕
(2) 足が出る〔　　〕
(3) 油をしぼる〔　　〕
(4) 一日《いちじつ》の長〔　　〕
(5) 後ろ指をさされる〔　　〕
(6) 顔をよごす〔　　〕
(7) 肩身《かたみ》がせまい〔　　〕
(8) 木で鼻をくくる〔　　〕
(9) さじを投げる〔　　〕
(10) 手をやく〔　　〕
(11) 寝《ね》耳に水〔　　〕
(12) 鼻につく〔　　〕
(13) 腹を割る〔　　〕
(14) 骨《ほね》をおしむ〔　　〕
(15) 水を向ける〔　　〕
(16) 目がない〔　　〕
(17) やぶからぼう〔　　〕
(18) 雪とすみ〔　　〕
(19) 指をくわえる〔　　〕
(20) 弓を引く〔　　〕

ア とりあつかいにこまる
イ 他人からあざ笑われる
ウ 相手の話に調子を合わす
エ 何もせずじっと見ている
オ さそいをかける
カ 反抗《はんこう》する
キ あきていやになること
ク 他人に引け目を感じる
ケ だしぬけに物事をする
コ ひどい目にあわせる
サ 予算をこえて金がたりない
シ ひどく冷淡《れいたん》なこと
ス 少しすぐれていること
セ 非常に好きである
ソ 心のうちを打ち明ける
タ 大変ちがうこと
チ 人にはじをかかせる
ツ 仕事をすることをしぶる
テ とつぜんのことに驚《おどろ》く
ト だめだと見捨《みす》てる

5 古典に親しむ

学習のねらい

意味を少し意識しながらリズムを感じ取って楽しく音読をしましょう。歌舞伎《かぶき》や能、狂言《きょうげん》、落語など楽しめるものもあるので、積極的に読んでみましょう。

月　日

答え➡別さつ6ページ

STEP 1 ステップ1

1 ［古典を読む］ 次の文章は、「竹取物語《たけとりものがたり》」の最初の部分です。これを読んであとの問いに答えなさい（現代語訳《やく》から答える）。

古文	現代語訳
いまは昔、竹取の翁《おきな》といふものありけり。 野山にまじりて竹を取りつつ、よろづのことに使ひけり。 名をば、さぬきの造《みやつこ》となむいひける。	今は（もう遠い）昔、竹取の翁というものがおったそうだ。 （その翁は）野や山に分け入って竹を伐《か》り取っては、様々な道具を作ることに使っていた。 （翁の）名を、讃岐《さぬき》の造といった。
その竹の中に、もと光る竹なむ一筋《ひとすじ》ありける。 あやしがりて寄りて見るに、筒《つつ》の中光りたり。 それを見れば、三寸ばかりなる人、いとうつくしうてゐたり。	その（毎日取る）竹の中に、根本が光る竹が一本あった。 （翁は）不思議に思ってその竹のそばへ寄って見ると、筒の中が光っている。 それを（よく）見ると、三寸ほどの人が、たいそうかわいらしい姿《すがた》で竹の中に座《すわ》っていた。

(1) 「竹取の翁」は「竹取物語」の作中人物ですが、名前は何と言いますか。また、どのような仕事をしていましたか。

名前〔　　〕

仕事〔　　〕

(2) 「竹取の翁」はどこで、何を見つけたのですか。

どこで〔　　〕

何を〔　　〕

(3) 見つけたものは、どのような様子ですか。

〔　　〕

(4) 「三寸ばかりなる人」はどんな姿で座っていましたか。

〔　　〕

(5) 現代語訳をよく読んで、次の意味を書きなさい。

① よろづ〔　　〕

② あやしがりて〔　　〕

2 ［昔の人の物の見方・感じ方］次の文章を読んで、あとの問いに答えなさい。

春は［①］。やうやうしろくなりゆく山ぎは、すこしあかりて、紫《むらさき》だちたる雲のほそくたなびきたる。

> 春は［　］。だんだん白くなっていく山のきわの空が、少し明るくなって、紫がかった雲が細くたなびいている。

夏は［②］。月のころはさらなり、闇《やみ》もなほ、蛍《ほたる》のおほく飛びちがひたる。また、ただ一つ二つなど、ほのかにうち光りて行くもをかし。雨など降《ふ》るもをかし。

> 夏は［　］。月が出ているころはさらにいい。闇であっても、蛍が多く飛びちがっているのもいい。また、たった一つ二つが、ほのかに光って飛ぶのも風情《ふぜい》がある。雨が降るのも風情がある。

秋は［③］。夕日のさして山の端《は》いと近うなりたるに、烏《からす》のねどころへ行くとて、三つ四つ、二つ三つなど飛びいそぐさへあはれなり。まいて雁《かり》などのつらねたるが、いと小さく見ゆるは、いとをかし。日入《い》り果てて、風の音《おと》、虫の音《ね》など、はた言ふべきにあらず。

> 秋は［　］。夕日がさして、山の端《はし》がとても近くなって、烏がねどころへ行くのに、三つ四つ、二つ三つなどと飛びいそぐのすらすばらしい。まして雁が連なって飛ぶのが、ごく小さく見えるのは、とても風情がある。日がすっかりしずんで、風の音、虫の音がするのは、わざわざ言わなくてもいいくらいだ。

冬は［④］。雪の降りたるは言ふべきにもあらず、霜《しも》のいと白きも、またさらでもいと寒きに、火などいそぎおこして、炭持《も》てわたるも、いとつきづきし。昼になりて、ぬるくゆるびもていけば、火桶《ひをけ》の火も、白き灰《はい》がちになりてわろし。

> 冬は［　］。雪が降っているのは当然として、霜がとても白いのも、またそうでなくてもとても寒い日に、火を急いでおこして、炭を持っていくのも、とても似つかわしい。昼になって、気温が高くなってくると、火桶の火も白い灰ばかりになって見おとりがする。

（清少納言《せいしょうなごん》「枕草子《まくらのそうし》」）

(1) 筆者は、春夏秋冬の、どの時間帯がよいとしていますか。［①］～［④］にあてはまる言葉を次から選び、記号で答えなさい。

ア 夕暮《ゆふぐれ》　**イ** つとめて（早朝）
ウ 夜　**エ** あけぼの（夜明け前）

①〔　〕②〔　〕③〔　〕④〔　〕

(2) その季節の中で、筆者がよいと感じているのは、どんなものですか。次から選び、記号で答えなさい。

ア 見たことのない新しい光景。
イ 旬《しゅん》のおいしい食べもの。
ウ その季節に似つかわしいもの。
エ 季節に特有の行事。

〔　〕

STEP 2

ステップ2

月　日

答え⬇別さつ6ページ

時間 40分　合格 80点　得点　点

1 次の文章を読んで、あとの問いに答えなさい。

*1祇園精舎《ぎおんしょうじゃ》の鐘《かね》の声、*2諸行無常《しょぎょうむじょう》の響《ひび》きあり。沙羅双樹《しゃらそうじゅ》の花の色、盛者必衰《じょうしゃひっすい》の理《ことわり》をあらは《（わ）》す。おごれる人も久《ひさ》しからず、ただ春の夜の夢のごとし。猛《たけ》き者もつひ《（い）》には滅《ほろ》びぬ、ひとへ《（え）》に風の前の塵《ちり》に同じ。

（「平家物語《へいけものがたり》」）

*1 祇園精舎＝釈迦《しゃか》のために建てたインドのお寺。

*2 諸行無常＝この世は常がなくすべてが移り変わっていくものであるということ。

これは、『平家物語』という物語の冒頭《ぼうとう》の一節です。みなさんもどこかで耳にしたことがあるかもしれませんね。七五調のリズムに乗せて、次のような対句《ついく》表現をたくみに散りばめています。

《対句になっている部分》

「祇園精舎の鐘の声」と「[A]」

「諸行無常の響きあり」と「盛者必衰の理をあらはす」

「おごれる人も久しからず」と「[B]」

「ただ春の夜の夢のごとし」と「ひとへに風の前の塵に同じ」

しかし、このような独特のリズムだけがこの一節の魅力《みりょく》ではありません。

『平家物語』は鎌倉《かまくら》時代に成立した軍記物語であり、平家の興亡《こうぼう》を描《えが》いています。全編《ぜんぺん》をつらぬく、この「諸行無常」という考え方は、当時の民衆《みんしゅう》の常識となっていました。それは、戦乱の世の中で生きる人々にとって、毎日が人間の命のはかなさを感じる日々だったからだと考えられます。

現代の平和な世の中では、なかなか「諸行無常」を感じることはないかもしれません。でも、『平家物語』を読んで「諸行無常」を感じてみませんか。

(1) 『平家物語』はいつの時代に成立した物語ですか。（5点）

〔　　　〕時代

(2) [　] A・Bにあてはまる言葉として適切なものを次の中から選び、記号で答えなさい。（完答10点）

ア 猛き者もつひには滅びぬ　　イ 沙羅双樹の花の色

A〔　　〕　B〔　　〕

(3) 『平家物語』が当時の人々に受け入れられた理由を、筆者はどのように考えていますか。（10点）

〔　　　　　　　　〕

2 次の故事成語・ことわざの意味に合うものをあとから選び、記号で答えなさい。(40点/一つ4点)

(1) 大は小をかねる　〔　〕
(2) 窮《きゅう》すれば通ず　〔　〕
(3) 一寸先は闇《やみ》　〔　〕
(4) 花よりだんご　〔　〕
(5) 九牛の一毛　〔　〕
(6) 犬も歩けば棒《ぼう》にあたる　〔　〕
(7) 漁夫の利　〔　〕
(8) 早起きは三文《さんもん》の徳　〔　〕
(9) 井の中のかわず大海を知らず　〔　〕
(10) 烏合《うごう》の衆《しゅう》　〔　〕

ア 働く時間が多くなることから、利益が得られること。
イ 何かをしていればいいことがあること。
ウ 他の広い世界があることを知らない人のこと。
エ 未来のことは、わずか先のことでも予測できないこと。
オ さわぐだけで、規律《きりつ》も統一もない集まりのこと。
カ 取るに足りない小事のこと。
キ 大きいものを用意しておいた方が、とかく便利なこと。
ク 人は絶体絶命の立場になると、なんとかできるものであること。
ケ 風流より実利のほうがよいこと。
コ 第三者が利益を横取りすること。

3 次の故事成語・ことわざがどのようにしてできたかを説明した文としてあてはまるものを、あとから選び、記号で答えなさい。(35点/一つ5点)

(1) 牛に引かれて善光寺《ぜんこうじ》まいり　〔　〕
(2) 灯台もと暗し　〔　〕
(3) 過ぎたるはおよばざるがごとし　〔　〕
(4) 残りものには福がある　〔　〕
(5) 一富士二たか三なすび　〔　〕
(6) 覆水盆《ふくすいぼん》に返らず　〔　〕
(7) 青は藍《あい》より出でて藍より青し　〔　〕

ア 余りものを処理《しょり》しようとする、庶民《しょみん》の生活の知恵《ちえ》。
イ 中国の『論語《ろんご》』にある。孔子《こうし》が中庸《ちゅうよう》(かたよらないこと)の道を説いた教え。
ウ 貧乏暮《びんぼうぐ》らしのため、妻が家を出た。夫が後に出世した時、妻が帰ってきたが、一緒《いっしょ》にならなかった。
エ 昔の照明器具の燭台《しょくだい》は、真下が暗くて見えにくいこと。
オ 徳川家康《とくがわいえやす》の好物をならべたといわれる。
カ 干《ほ》していた布を牛にひっかけられ、追いかけ、お寺についての霊場《れいじょう》に心をうたれ信心するようになった。
キ 荀子《じゅんし》が学問の重要性を説いた言葉。

6 言葉のきまり

月　日

答え⬇別さつ6ページ

学習のねらい

指示語の「こそあど」言葉は、その指し示す距離《きょり》で分けます。接続語は、「つづく―順接と逆接」「かわる」「まとめる」に分けると覚えやすいです。呼応《こおう》の副詞の役割《やくわり》にも注意しましょう。

ステップ1

1 [接続語] 次の〔　〕にあてはまる言葉をあとから選び、記号で答えなさい。（同じ言葉を二度使ってはいけません。）

(1) 山田君は体格もよいし、〔　　〕成績もよい。

(2) 弟は石につまずいて転んだ。〔　　〕泣かなかった。

(3) 彼《かれ》はよく努力する。〔　　〕成績もよい。

(4) 明日は、鉛筆《えんぴつ》か〔　　〕ペンをもってきなさい。

(5) まず算数の宿題をすませ、〔　　〕国語の勉強をした。

ア だから　イ けれども　ウ それから　エ そのうえ　オ または

2 [接続語] 次の〔　〕にあてはまる言葉をあとから選んで書き入れ、意味の通る文にしなさい。

(1) 山田君が転校することになった。〔　　〕、みんなでお別れ会をすることにした。

(2) 明日の遠足を楽しみにしていた。〔　　〕、熱があるので行けそうもない。

(3) 開場は十時。〔　　〕、演奏《えんそう》者は、九時半に集まること。

(4) いたいのは歯ですか。〔　　〕、頭ですか。

でも　それとも　ただし　だから　では

3 [続く言葉] 次の〔　〕内の言葉に続く言葉を書きなさい。

(1) 今日の試合は、きっと〔勝つ　　〕。

(2) どうやら劇《げき》が〔はじまる　　〕。

(3) あなたのものであることは、きっと〔間違《まちが》い　　〕。

(4) いったい、これで〔いいのだ　　〕。

(5) もしかすると、雨が〔ふる　　〕。

(6) 待っていますので、きっと〔きて　　〕。

(7) どうしてこのような結果に〔なった　　〕。

(8) おそらく、明日は〔晴れる　　〕。

(9) 山から見えるけしきは、なんて〔すばらしい　　〕。

(10) この経験から、二度と同じことは〔する　　〕。

4 ［接続語］次の〔　〕にあてはまる言葉をあとから選び、記号で答えなさい。（同じ言葉を二度使ってはいけません。）

(1) 〔　〕、あなたはこれからどうしますか。

(2) それもよいが、〔　〕、こっちのほうがよい。

(3) 昨日は雨でした。〔　〕、一日じゅう家の中で本を読んでいました。

(4) 動物園へ行きましょう。〔　〕、象を見ましょう。

(5) あなたが来た。〔　〕、待っていたようにみんなが集まってきた。

(6) これから映画《えいが》に行きますか、〔　〕、家に帰りますか。

ア それで　**イ** それとも　**ウ** しかし　**エ** すると
オ そして　**カ** ところで

5 ［接続語］次の〔　〕に、〔ので〕か〔けれど〕のどちらかの言葉をあてはめ、意味の通る文にしなさい。

(1) 日照りが続いた〔　〕、水不足にならなかった。

(2) 歯がいたい〔　〕、歯医者へ行った。

(3) かさを貸してもらえた〔　〕、ぬれずにすんだ。

重要

6 ［接続語］次の〔　〕に、あてはまる言葉をあとから選んで書きなさい。（同じ言葉を二度使ってはいけません。）

(1) ぼくは健ちゃんの家のほう〔　〕走りました。

(2) ぼくは自転車〔　〕乗って走りました。

(3) この絵は、きれいで〔　〕ある〔　〕うまくはない。

(4) このケーキは、おいしく〔　〕ある〔　〕見た目もきれいだ。

(5) りんごを三つ〔　〕買わなかった〔　〕お金が少し余った。

(6) みかんを二つ〔　〕買ってきた。

(7) この子は、食べすぎ〔　〕しなければ、病気にはならない。

さえ　は　も　だけ　に　しか　が　ので　し　へ

7 ［接続語］次の〔　〕にあてはまる言葉をあとから選んで書きなさい。

わたしの妹は、もっとすなおだとよいのだ(1)〔　〕、わがままだ(2)〔　〕、ほめる(3)〔　〕つけあがるうえ、しかれば泣い(4)〔　〕、まったくこまりものだ。

のに　が　て　し　ば　に　よ　と　から　よ

STEP 2 ステップ2

答え➡別さつ7ページ

月　日　時間 20分　合格 80点　得点　点

1 次の各組の文の――線には、「言葉の使い方」が違《ちが》うものが一つあります。その文の記号を答えなさい。（30点／一つ10点）

(1)〔　〕(2)〔　〕(3)〔　〕

(1)
ア わが家で料理したのがいちばんおいしい。
イ 変な形のおもちゃがある。
ウ ばらの花がさいている。
エ 苦しいがもうすぐゴールだ。
オ 野山の木には、もう新しい芽が出ている。

(2)
ア しまの服がとてもよく似合う。
イ はちの巣を見つけた。
ウ くるみの皮はとてもかたい。
エ ぼくは初夏の緑が大好きだ。
オ 風の吹《ふ》く日は身もこごえそうだ。

(3)
ア 用意はいいね。では、はじめよう。
イ 彼《かれ》は国語が好きだ。そのうえ、算数も得意だ。
ウ この仕事はあなたがしたのですか。いいえ、私《わたし》ではありません。
エ 朝からとてもいそがしかった。しかし、働いたあとはいい気持ちだ。
オ もう四時だよ。すると、三時間も働きとおしたんだね。

2 次の文中の［か］と同じはたらきをしている「か」の文を一つ選び、記号で答えなさい。（5点）〔　〕

> 頭で考えることは難《むずか》しいかもしれないし、考えるのには努力がいるが、見たり聞いたりすることに、なんの努力がいろう［か］。そんなふうに考えがちなものだが、それはまちがいだ。

(1) だれがお使いにいってくれますか。
(2) 気のせいか、波の音までがいつもとはちがって聞こえる。
(3) 彼らの安全をだれが保障《ほしょう》できようか。
(4) そんなことをいったかどうか、覚えていません。

〔愛光中〕

重要
3 ――線を引いた語句が、ほかとちがった意味で使われているものを一つ選び、記号で答えなさい。（10点／一つ5点）

(1)
ア 春になると花がさく。
イ 本を読むとわかる。
ウ 学校のみんなと遊ぶ。
〔　〕

(2)
ア 兄は、夕方帰ってくるらしい。
イ あの人は、たいへん男らしい。
ウ よほど病気が悪いらしい。
〔　〕

4 次のそれぞれの①と②の文をつなぎます。文をつなぐときに使う言葉をあとから選び、記号で答えなさい。（同じ言葉を二度使ってはいけません。）（20点／一つ5点）

(1) ［　］
① 新鮮《しんせん》な野菜には、ビタミンCが多くふくまれている。
② 野菜が古くなると、ビタミンCは少なくなる。

(2) ［　］
① 休日は、サッカーをする。
② テニスをする。

(3) ［　］
① 午後から雨が降《ふ》ると思った。
② かさを持って出かけた。

(4) ［　］
① ぼくは、犬を飼っている。
② ねこも飼っている。

ア まず　**イ** しかし　**ウ** そのため　**エ** また　**オ** もしくは

5 接続詞《せつぞくし》に気をつけて、各文の続きを書きなさい。（35点／一つ7点）

(1) お昼はサンドイッチにしようか。
それとも、〔　　〕

(2) 学級会の話し合いで、お楽しみ会をすることになった。
そこで、〔　　〕

(3) 私《わたし》は、お母さんにたのまれて、おつかいに行った。
ところが、〔　　〕

(4) ここに入るには、許可証がいります。
ですから、〔　　〕

(5) 地図を見て、四ツ角を右に曲がった。
すると、〔　　〕

7 文のしくみ

学習のねらい

文には三つの基本文型「何がなんだ」「何がどんなだ」「何がどうする」があります。これに付くかかり受けを理解することです。また、品詞《ひんし》の区別ができるようにしておきたいものです。

月　日

答え⇒別さつ7ページ

ステップ1

1 〔主語と述語〕□の文を読んで、あとの問いに答えなさい。

> スキー旅行の人たちが大ぜい乗った列車は、ゆっくりと駅をはなれた。

(1) この文の主語（何は）と述語（どうする）はどれですか。

①主語〔　　〕

②述語〔　　〕

(2) 「スキー旅行の人たちが大ぜい乗った」というのは、「列車」を修飾《しゅうしょく》している部分ですが、この中にも、主語と述語があります。書き出しなさい。

①主語〔　　〕

②述語〔　　〕

(3) □の文は、(1)・(2)で考えたように、修飾している部分にも主語と述語の関係があります。このような組み立ての文を、何と呼《よ》んでいますか。次から一つ選び、記号で答えなさい。〔　　〕

ア 単文　イ 重文　ウ 複文

(4) □の文と同じような組み立ての文を、次から一つ選び、記号で答えなさい。〔　　〕

ア 赤い夕日が、山のむこうにしずんでいった。

イ 今日は、みんなでサイクリングに行く日だ。

ウ 母が作ったカレーライスは、とてもおいしかった。

エ 一日中、雨がはげしくふり、風もふきあれた。

2 〔言葉のかかり〕次の══線部がかかるのはどこになりますか。記号で答えなさい。

(1) ア父は　私《わたし》に　イどんなときも　ウ顔を　エ上げて　オ歩きなさいと　カ言う。〔　　〕

(2) あまりに　ア人が　イ多くて　ウ展示《てんじ》してある　エ作品が　オよく　カ見えなかった。〔　　〕

(3) 友だちと　アおいしい　イお弁当を　ウ学校の　エ中庭で　オ食べた。〔　　〕

(4) 私《わたし》が　ア最近　イ親しくなった　ウ友だちは　エスポーツが　オ大好きだ。〔　　〕

〔女子聖学院中〕

3 [主語と述語] 次の各文の――線が、主語・述語の関係にあるものには○、ないものには×を書きなさい。

(1) きのうとちがって、きょうの天気は雨だ。〔　　〕

(2) 雷《かみなり》の 鳴る音におどろいて、目が覚めた。〔　　〕

(3) 海も、空のようにとても青かった。〔　　〕

(4) すばらしいね、きみの作った作品は。〔　　〕

(5) ゆっくり泳いでいる 魚は、コイだ。〔　　〕

(6) びりびりとやぶれた紙が、捨《す》ててあった。〔　　〕

4 [言葉のかかり] 次の各文で――線を引いた言葉は、文中のどの言葉を説明していますか。その言葉に～～線を引きなさい。

(1) きれいな花がさいています。

(2) とぼとぼと冬の夜道を一人の男が帰って行く。

(3) くもった空からぽつりぽつりと雨が落ちてきた。

(4) 明るい日ざしを受けながら、えんがわで工作をする。

(5) 小さな魚が楽しそうにすいすいと泳いでいる。

(6) みんなは、にこにこしながら楽しそうに校舎に集合した。

重要

5 [文の組み立て] 文の骨《ほね》組みになっている主語と述語に注意して、次の文の組み立てを、例にならって図に表しなさい。

例

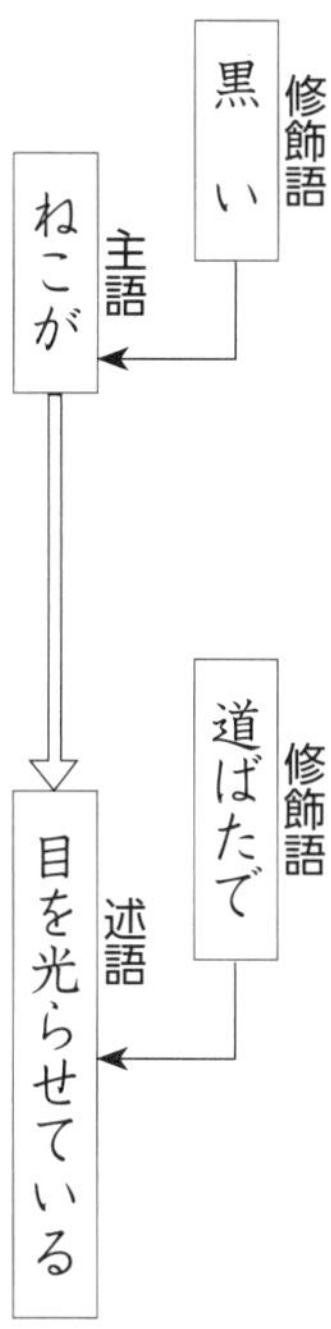

(1) 弟は友だちといっしょに出かけ、ぼくは、母に買い物をたのまれた。

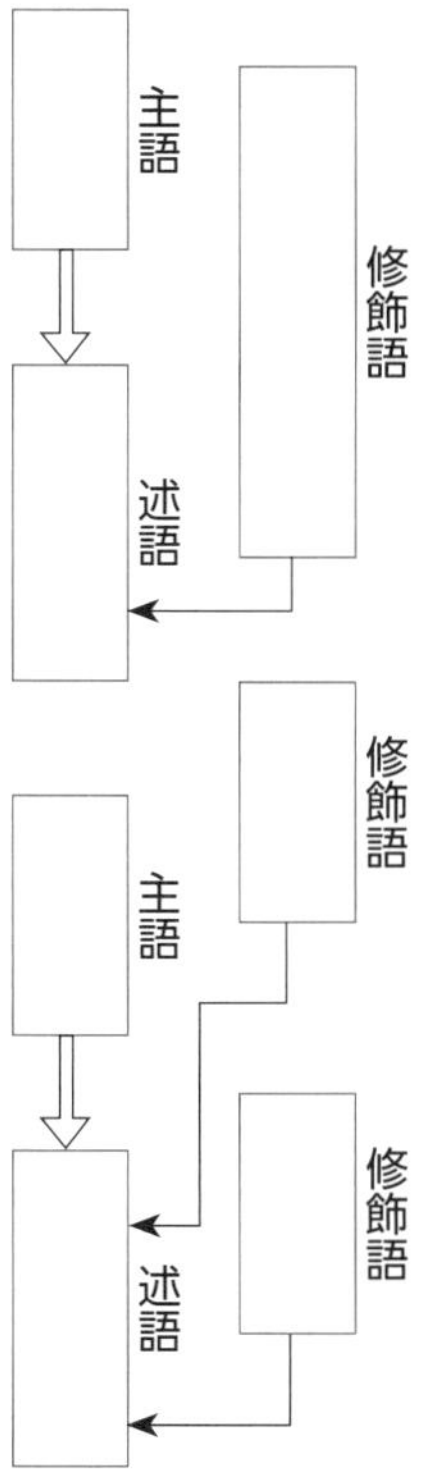

(2) 母が作ったお弁当は、とてもおいしい。

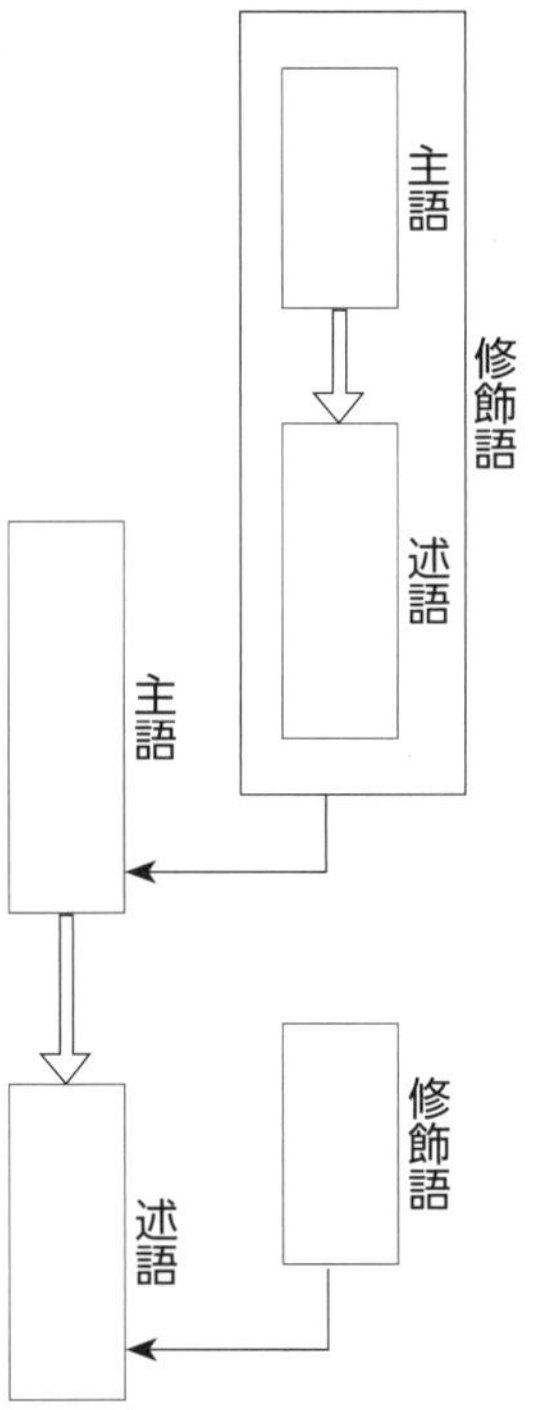

ステップ2

月　日

答え⇩別さつ7ページ

時間 20分　合格 80点　得点　点

1

次の文中の、〰〰線をつけた言葉は、それぞれどの言葉を修飾《しゅうしょく》していますか。番号で答えなさい。（15点／一つ5点）

(1) ①文鳥は　急に　②はばたきを　③はじめた。　〔　　〕

(2) いつの間にか　①黒雲が　②天空を　③閉ざした。　〔　　〕

(3) ①多くの　②人びとが、　いそがしそうに　③大通りを　④歩く。　〔　　〕

2

次の各文の主語と述語の関係は、ア〜ウのどれにあたりますか。記号で答えなさい。（15点／一つ5点）

(1) 雨も　降るし、風も　吹《ふ》く。　〔　　〕

(2) せみが　鳴く　季節は　まだ　遠い。　〔　　〕

(3) なまけ者は　失敗し、努力家は　成功する。　〔　　〕

ア　花が（主語）　美しく　さいた（述語）。

イ　松は（主語）　青く（述語）、砂は（主語）　白い（述語）。（対等）

ウ　雨が（主語）　降る（述語）　日は（主語）　さびしい（述語）。

〔追手門学院中〕

3

次の文を読んで、あとの問いに答えなさい。（9点／一つ3点）

(ア) ①ぼくの　②未来の　③夢は　④とてつもなく　⑤大きい。

(イ) ⑥とぼとぼと　⑦冬の　⑧山道を　⑨一人の　⑩旅人が　⑪帰って　いく。

(1) (ア)の文の主語と述語を番号で答えなさい。

〔主語＝　　〕〔述語＝　　〕

(2) (イ)の文の⑥とぼとぼとは、どの言葉につづいていますか。番号で答えなさい。　〔　　〕

〔高知大附中〕

4

次の文の——線②・③の言葉は、どの言葉にかかりますか。番号で答えなさい。（6点／一つ3点）

①巳之助《みのすけ》は　②むっつりと　③入口の　④戸を　⑤あけて　⑥通りを　⑦ながめた。

〔②　　・③　　〕

〔富山大附中〕

5

次の(1)〜(5)の文がどのような問いかけか、あとから選び、記号で答えなさい。（5点／一つ1点）

(1) どうして鳥は空が飛べるのか。　〔　　〕

(2) 駅はどちらですか。　〔　　〕

(3) ……あのう、山田さんのお宅《たく》ですか。　〔　　〕

(4) 何を飲みますか。　〔　　〕

(5) どうだ、ちょっとは涙《なみだ》でもこぼれたか。　〔　　〕

ア 原因についての問いかけ　イ 状態を確かめる問いかけ
ウ 方向についての問いかけ　エ 意志を確かめる問いかけ
オ 相手を確かめる問いかけ
〔豊島岡女子学園中〕

重要

6

左の例文の組み立てを図に書くと次のようになります。これにならって、A、Bの文の組み立てを図に書きます。□に、あてはまる言葉を入れなさい。（20点／完答一つ10点）

例 運動競技にはさまざまな種目がある。

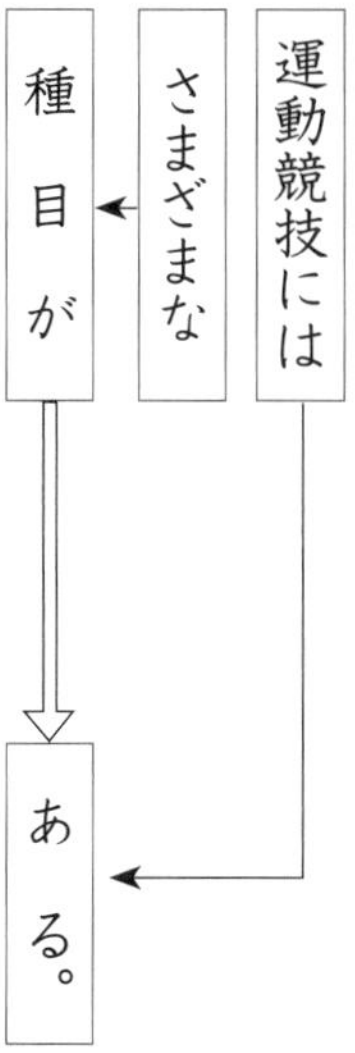

A マラソンは、日本人が得意とするものの一つである。

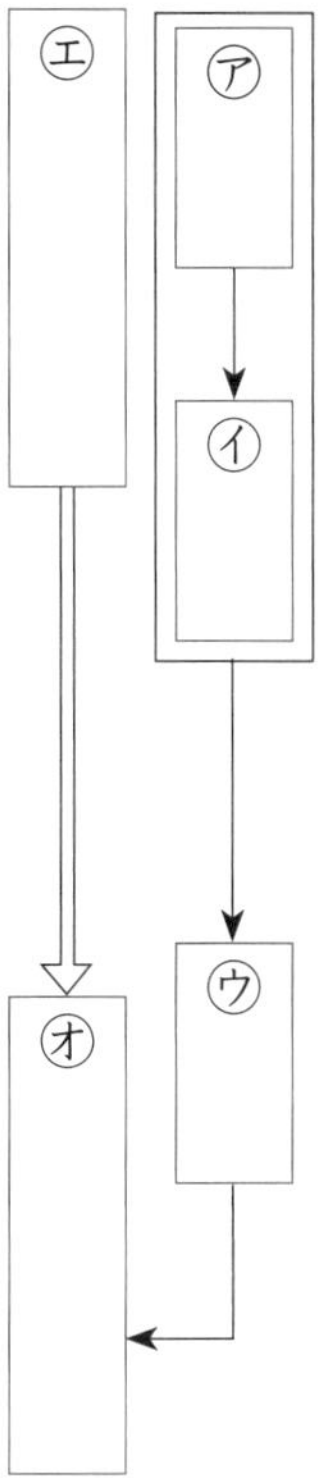

B 苦しみにたえぬく精神をやしなう点では、マラソンは代表的なものといえよう。

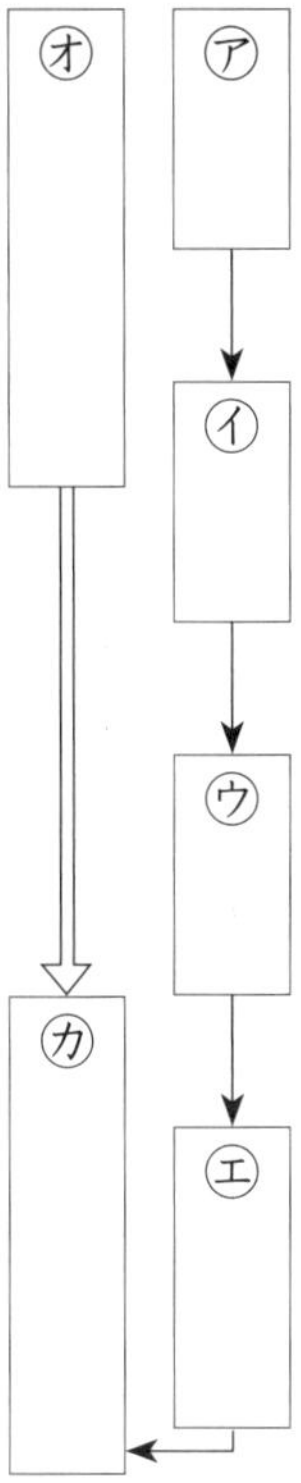

〔ノートルダム清心中〕

7

次の(1)～(5)の文の〔　〕に入れる言葉をあとから選び、記号で答えなさい。（同じ言葉を二回使ってはいけません。）（10点／一つ2点）

(1) 流行語を〔　　〕使うのはよくないことだ。
(2) 信号が青に変わって、人々は〔　　〕わたりはじめた。
(3) 夜になっても、自動車が〔　　〕通るので、うるさくてしかたがない。
(4) その男の子は、母親と二人きりで、ひっそりと〔　　〕くらしていた。
(5) 彼《かれ》は、人ごみの中を自転車に乗って〔　　〕走りぬけた。

ア ひっきりなしに　イ いちがいに　ウ ささやかに
エ むやみに　オ たんねんに　カ いっせいに
キ たくみに　ク おおらかに
〔修道中〕

8

次のそれぞれの文は、どのような形ですか。あとから選び、記号で答えなさい。（20点／一つ5点）

(1) 私《わたし》は夏休みに、読書感想文を書いた。〔　　〕
(2) 家の近くにある海は、とてもきれいだ。〔　　〕
(3) あれは、ぼくたちが通う学校だ。〔　　〕
(4) 父はいつもより早く家に帰ってきた。〔　　〕

ア 何がなんだ
イ 何がどんなだ
ウ 何がどうする

月　日

答え➡別さつ8ページ

時間 30分　合格 80点　得点　　点

1 次のことわざの□に入る漢字を一字で書きなさい。(24点／一つ4点)

(1) □の上にも三年
(どんなにつらくても、がまんすれば、やがてよくなるということ。)〔　　〕

(2) 魚心あれば□心
(相手が自分に好意を持ってくれるなら、自分もその気持ちにこたえようとすること。)〔　　〕

(3) かっぱの□流れ
(どんな名人でも、時には失敗することがあるということ。)〔　　〕

(4) □の耳に念仏
(いくら言っても効き目のないこと。)〔　　〕

(5) ちりも積もれば□となる
(ほんの小さなことでも積み重ねていけば、いずれ大きなものになるということ。)〔　　〕

(6) □のうわさも七十五日
(世間のうわさは一時的なもので、そのうちに忘《わす》れられてしまうということ。)〔　　〕

2 次の〔　〕にあてはまる言葉をあとから選び、記号で答えなさい。(同じ言葉を二度使ってはいけません。)(20点／一つ4点)

(1) 私《わたし》が通う学校は、〔　　〕の角を曲がったところにあります。

(2) 机《つくえ》の上にはノートがたくさんあり、〔　　〕が私のノートかわからない。

(3) 〔　　〕本は、昨日図書館で借りてきました。

(4) あなたが持っている、〔　　〕ペンはどこで買ったのですか。

(5) 私はマンションに住んでいます。あなたは、〔　　〕家に住んでいますか。

ア どれ　イ あそこ　ウ その
エ この　オ どんな

3 次の――線が修飾《しゅうしょく》する言葉をさがし、その言葉をぬき出しなさい。(8点)〔　　〕

二度と、私の進むべき道に、太陽が沈《しず》みかけていることはないだろう。

4 次の(1)～(3)の文について、——線ア～オの中から、主語〔　〕と述語〔　〕にあたるものを一つずつ選び、記号で答えなさい。(18点／一つ3点)

(1) ア私は、イ先生の　ウ言葉を　エノートに　オ書き記した。

(2) アこの　イ高原では、ウたくさんの　エ流れ星が　オ見られそうだ。

(3) アあの　イ特急電車は、ウあと　エ十五分で　オ出発するそうです。

(1)〔　〕〔　〕　(2)〔　〕〔　〕　(3)〔　〕〔　〕

5 次の(1)～(5)の文について、〰〰線の語が修飾している語を、——線ア～オの中から一つずつ選び、記号で答えなさい。(15点／一つ3点)

(1) アこの　イ箱の　ウ重さは　おそらく　エ五キログラムは　オあるだろう。

(2) 母の　ア心配そうな　イ顔が　ウ思い出されて　エしかたが　オなかった。

(3) アこの　川では　イ多くの　ウうなぎが　エとれると　オ言われています。

(4) アおやつの　イケーキが　たった　ウ一つしか　エ残って　オいない。

(5) きのう　ア友達と　イいっしょに　ウ公園に　エ遊びに　オ行った。

(1)〔　〕　(2)〔　〕　(3)〔　〕　(4)〔　〕　(5)〔　〕

〔立正大付属立正中〕

6 次の(1)～(5)の文について、〔　〕内の言葉を「～させる」という意味をふくむ適切な形に変えて、すべてひらがなで答えなさい。(15点／一つ3点)

(1)〔やめる〕
部下に命令して、ビルの取りこわしを〔　　〕たのは社長だった。

(2)〔する〕
今度の大会は、あの選手を出場〔　　〕よう。

(3)〔言う〕
この議題については彼《かれ》らにも意見を〔　　〕予定だ。

(4)〔くむ〕
子どもたちに湖の水を〔　　〕た。

(5)〔とまどう〕
私たちの案内不足で、お客様を〔　　〕てしまった。

〔普連土学園中〕

8 生活文を読む

学習のねらい

生活文は大意をつかむことが大切です。だれが、（いつ）（どこで）どうしたか（どんなに）、そしてどうなったか、をピックアップしていく読み方をするとよいでしょう。

月　日

答え➡別さつ8ページ

ステップ1

1 ［要点をつかむ］次の文章は、六年生男子の作文の一部分です。よく読んで、あとの問いに答えなさい。

友達はもう来て練習を始めていた。

「ぼくはこんど転校せにゃいけんようになったんよ。」と言うと、みんな書くのをやめて、びっくりしたような顔をした。「木江《きのえ》という所じゃ。」ぼくはそれだけ言うのがやっとだった。後は、なんだか声がつまって、言葉が言えなかった。末重《すえしげ》君が、「こっちを向くなや。お前の顔を見よったら習字が書けんようになる。」と、言ったきり口をとじてしまった。ぼくは下を向いた。（今までは、いつも二年ぐらいしたら変わっていたが、何かしら甲山《こうざん》には長くおれると思っていたのに、二年もたたないで変わるなんて。）と思っていると、まぶたの辺りが熱くなり、口がぴくぴく動きだした。歯をくいしばってこらえた……。まだ、はっきりときまっていないけど、「あさっての朝になったらわかる。」と言ったお父さんの言葉を、まちがいだったらええのに、まちがいでありますようにと、心の中でいのっていた。

じゅくから帰るとちゅう、小寺《こでら》君が「転勤《てんきん》命令を出すやつは、だれや。」と聞いた。ぼくは、……。（後略）

(1) 作者には、何か大きな出来事がおきようとしています。その出来事を二字で書きなさい。［　　］

(2) 「友達はもう来て練習を始めていた」とありますが、どこに来ているのですか。［　　］

(3) 友達は何の練習を始めていたのですか。［　　］

(4) 「こっちを向くなや、お前の顔を見よったら習字が書けんようになる。」とありますが、どうして書けなくなるのですか。［　　］

(5) （今までは、……二年もたたないで変わるなんて。）の部分は、心の中で思っていることとして、（　）をつけています。これと同じように（　）をつけられるところが、もう一か所あります。その部分をぬき出しなさい。［　　］

2 ［大意をつかむ］次の文章を読んで、あとの問いに答えなさい。

小さいころのぼくは、強情《ごうじょう》で、わがままだった（①）。町を歩いていても、何かほしい物が目につくと、その店の前を、動かないで、母をてこずらせた（②）。品物ばかりでなく、なんでもじぶんの思いどおりにならないと大声を出して、うちの者にくってかかったと（③）。これはぼくが末っ子で、しかも、すぐ上の兄と六つもちがっていたため、みんなから「ひろぼう、ひろぼう」とあまやかされて育ったためらしい。

重要

(1) 文中の（　）に入る言葉を次から選び、記号で答えなさい。

ア 言う　イ らしい　ウ そうだ

①〔　〕②〔　〕③〔　〕

(2) 作者が、強情で、わがままな子になったのは、どうしてですか。

〔　〕

(3) この文章の題としてあてはまるものを選び、記号で答えなさい。〔　〕

ア ぼくの感覚　イ ぼくの性格　ウ ぼくの家庭

3 ［大意をつかむ］次の文章を読んで、あとの問いに答えなさい。

風船バレーボールをみんなではじめた。1年生の子もいっしょだった。私《わたし》は、6年生なので1年生の子らにボールをわたしたりした。いつもやんちゃな3年生のたかし君が、なかなか下からボールを打てないしょうま君のそばにいって、そうやないで、ええか、下からこう手をだして、こうして打つんやとすごくまじめに、ほんとにまじめな顔をして、教えていた。すると、しょうま君もすこし打てるようになった。私は、たかし君のいい面をみた思いだった。

(1) どのような遊びをしましたか。

〔　〕

(2) どのような出来事によって、「私」は文章を書いたのですか。

〔　〕

(3) 「私は、たかし君のいい面をみた思いだった。」とありますが、どのように見方が変わりましたか。

〔　〕

ステップ2

月　日

答え⬇別さつ9ページ

時間 30分　合格 80点　得点　点

1 次の文章を読んで、あとの問いに答えなさい。

「わたし」は、父と母に連れられ、海遊びにきた。父が干《ほ》して炒《い》めたソラマメを、袋《ふくろ》にいれて腰《こし》につけたまま海遊びをした。

そのうち、父と母はうとうとと昼寝《ひるね》をはじめ、わたしは貝《かい》殻《がら》を拾うのが面白《おもしろ》くなった。そこで、浜辺《はまべ》を歩き、きれいな貝をみつけては小さなバケツに集めはじめた。ひとつ目に止まると、次から次に美しい貝殻がみつかる。まるで貝殻と貝殻を結ぶ散歩道である。

賑《にぎ》やかな浜辺なのに、熱中しだすと、そこはもう、わたしと貝殻だけのシンとした世界になり、時々海に入って体を冷やしては、また貝殻を探《さが》す——それればかりしていた。

——どのくらいたったのだろう。ずしりと重くなったバケツをさげて、父と母のところへ戻《もど》ろうと歩きはじめたら、目印のはずの松の木がみえない。というより、どの松も同じにみえる。思ったより遠くまできていたのだ。

さあっと血がひいた。（迷子《まいご》になった！）風船が胸《むね》につまったみたいだ。息ができない。わたしは、ひっひっと息を吸《す》ったり吐《は》いたりしながら、松の間を走ってふたりを探《さが》した。

見ても見ても「他人」ばかりである。眩《まぶ》しい光の中で、見知らぬ人影《ひとかげ》は、みな切り紙細工になって、ひらひらゆれている。わたしはコンブ林の中の魚のように右往左往した。

①そのうち「ひっひっ」が「うおーん、うおーん」になった。「とうちゃーん！　かあちゃーん！」と、大泣きして叫《さけ》んだ。小学六年生にもなって迷子になった気恥《きは》ずかしさなど、ふっとんでしまった。これはオオゴトなのである。とうちゃんとかあちゃんがいなくなったら、この世も終りなのである。

夕立ちのように泣きわめき、「どげんしたん？　迷子になったんかえ？」と近づく「他人」*1を依怙地《いこじ》に無視《むし》して走りまわるうちに、やっと切り紙細工でない人影をみつけた。大きく口をあけ、手をふりながら駆《か》けよる父と母だ。わたしはぺたんと坐《すわ》りこみ、②今までより大きな声で、びぃーと泣いた。

「ほんとにまあ……、お前は、③糸の切れた凧《たこ》じゃ。わしらもあわてたぞ。④ま、にぎりめしでも食え」

しゃくりあげながらたべても、アおにぎりはおいしかった。昼どきはとうに過ぎていたのだ。——イ腹一杯《はらいっぱい》になり、ウしゃくりあげも収《おさ》まると、エ世界は徐々《じょじょ》に日常にもどり、わたしは貝殻をふたりにみせて自慢《じまん》した。

暫《しばら》くして父が思い出したように言った。

「お、直子、その袋、かしてみい」

わたしは腰の*2巾着《きんちゃく》のことを、すっかり忘れていた。袋は重たげに腰にぶら下っている。はずして口をあけると、中から、海水を吸いこんで、ぽってりとふくらんだソラマメがあらわれた。

「柔《やわ》らかくなっチおろうが。これをな、こうやって食べると、塩味がついとって、うまいんじゃ。ほれ、食べてみい」

父は、わしの子どもの頃《ころ》、海あそびのおやつといえばこれじゃった、と得意そうである。わたしと一緒《いっしょ》に海で遊び、わたしと一緒に迷子になったソラマメは、ほんとうにおいしかった。

以来、わたしの海は、ソラマメの味がする。

（工藤直子《くどうなおこ》の文章による）

＊1「依怙地」＝つまらないことに意地を張って頑固《がんこ》なこと。

＊2「巾着」＝布・革《かわ》などで作って、口をひもでくくるようにした袋。

(1) ――線①「そのうち『ひっひっ』が『うおーん、うおーん』になった。『とうちゃーん！　かあちゃーん！』と、大泣きして叫んだ」の表現の説明を次から選び、記号で答えなさい。（20点）〔　〕

ア 普通《ふつう》の語の順序を入れかえて、注意をひこうとしている表現。

イ 小から大へ、弱から強へとしだいに調子を高めていく表現。

ウ 実際よりも特に小さく、または大げさにうったえていく表現。

エ 同じ語句をくり返し、文章の意味を強めようとする表現。

(2) ――線②「今までより大きな声で、びいーと泣いた」のは、どうしてですか。次から選び、記号で答えなさい。（20点）〔　〕

ア 父と母と出会うまでの不安な気持ちを一生懸命《けんめい》訴《うった》えるため

イ 駆けよってくる父と母にわたしの居場所をよくわからせるため

ウ それまで泣いていた手前、急に泣き止むのも恥ずかしいと思ったため

エ 父と母を見つけ出し、緊張《きんちょう》がゆるんで安心したため

(3) ――線③「糸の切れた凧」は、どういう意味ですか。次から選び、記号で答えなさい。（20点）〔　〕

ア 物事が次々に現れたり起こったりすること

イ 恐《おそ》ろしいことがわからないためにむちゃをすること

ウ 一度手を離《はな》すとどこへ行くかわからないこと

エ わずかなもので大きな利益を得ようとすること

重要

(4) ――線④「ま、にぎりめしでも食え」と言った父のおかげで、「わたし」はどのような気持ちになりましたか。それを表した部分を文章中の～～線**ア**～**エ**から選び、記号で答えなさい。（20点）〔　〕

(5) この文章の題としてあてはまるものを、次から選び、記号で答えなさい。（20点）〔　〕

ア 父のソラマメ

イ わたしのソラマメ

ウ おやつとソラマメ

エ 巾着とソラマメ

〔目白学園中〕

9 物語を読む ①

学習のねらい

主題とは、物語を通して作者がうったえようとしている中心になる考え（テーマ）のことです。主人公はだれか、ということと、主人公の思いは何かを読み取ることがポイントです。

月　日

答え➡別さつ9ページ

STEP 1

ステップ1

1 ［主題をつかむ］次の文章を読んで、あとの問いに答えなさい。

①校内は森閑《しんかん》としている。全校生徒は、一時間だけで帰った。二時間目があったのは、研究授業のあった耕作《こうさく》たちの級だけだった。どこかの一室で、研究授業の批評《ひひょう》会がはじまっているのだろうが、耕作たちの部屋までは聞こえない。

罰《ばっ》当番の井上権太《いのうえごんた》を手伝って、耕作は手早く箒《ほうき》を使っている。近くで、さっきから郭公《かっこう》がしきりに鳴いている。床《ゆか》を掃《は》きながら、耕作は内心びくびくしていた。いつ先生が現れるかわからない。手伝っているのを見つけられたら、何と言って叱《しか》られるだろう。先生は権太に一人でやれと言ったのだ。耕作も、井上権太も共に叱られるにちがいない。

先程《さきほど》、級長の若浜《わかはま》が、

「先生に言ってやるぞ、叱られるぞ、お前も」

と言った。その時は、

「叱られてもいい」

と、②大《おお》みえを切った。が、やっぱり叱られるのはいやだ。

机《つくえ》を並《なら》べ終わって、権太がバケツを持ち、水を替《か》えに行こうとした。

「③権ちゃん、今日は机拭《ふ》きやめておこうや。二時間しかなかったから、そんなに汚《よご》れていないよ」

権太は黙《だま》って、耕作の顔を見た。

「拭き掃除《そうじ》しなくてもわからんよ」

「耕ちゃん、わかってもわからんくても、することだけはするべ」

にこっと笑って、権太はバケツの水を取替えに行った。

（わかってもわからんくても、することだけはするべ？）

権太の言った言葉を、耕作は胸《むね》の中でくり返した。ひどく恥《は》ずかしい気がした。

権太が帰って来た。二人は雑巾《ぞうきん》を固く絞《しぼ》って、机の上を拭きはじめた。次に耕作は、先生の教卓《きょうたく》と、弁当棚《だな》を拭いた。権太は窓《まど》の桟《さん》を拭いている。いつもなら、先生の教卓をまっ先に拭くのだ。それが今日は後まわしになった。何となく後まわしにしたい気持ちが、耕作の中にあった。

最後に黒板を拭き、掃除は終わった。再び権太が水を捨《す》てに行き、二人は急いで学校を出た。

校庭を横切る時、職員室に一番近い教室に、先生達《たち》がたくさんいるのが見えた。耕作は走り出した。走って校門を出ると、追いついた権太が、

「耕ちゃん、どうして走った？」

「のろのろ歩いていて、先生に見つかったら、手伝ったことがわかるだろう？」

「うん」

二人は急ぎ足で歩いて行く。

「わかったら叱られるからな」
④権太は黙っていた。もう鯉《こい》のぼりの上っていない棹《さお》の先に、矢車だけがカラカラとまわっている。
「若浜の奴《やつ》、先生に言いつけるかな」

二人の下駄《げた》の音が、仲よくひびく。歩調が合っている。

「耕ちゃん、お前そんなに叱られるのいやか」

「そりゃあいやださ。権ちゃんは平気か、毎日叱られて」

「平気っていうことはないけどさ。だけどねえ、家の父ちゃんは、叱られるからするとか、叱られないからしないというのは、ダメだって、いつも言うからね」

「……ふうん。だって、誰《だれ》でもみんな、叱られるからしたり、しなかったりするんじゃないか」
⑤耕作には、権太の言うことが、よくわからない。生れた時から、二人は隣《とな》り同士だ。隣りと言っても、七、八町は離《はな》れている。そのせいか、権太といつも遊んで来た。

（三浦綾子《みうらあやこ》「泥流地帯《でいりゅうちたい》」）

(1) ――線①「校内は森閑としている」とありますが、「森閑」とは、「人けがなくあたりがひっそりと静まりかえっているようす」です。校内が、森閑としていることを表現している一文を文中から探《さが》し、はじめの五字をぬき出しなさい。

□□□□□

(2) ――線②「大みえを切った」とありますが、「大みえを切る」とはどんな意味か、次から選び、記号で答えなさい。

ア　えらそうなことを言って相手を見下すこと。
イ　ひとまえで自分の格好ばかり気にすること。
ウ　いい所を見せようとして無理をすること。
エ　立場がちがうことをはっきりとさせること。

〔　　〕

(3) ――線③「権ちゃん、今日は机拭きやめておこうや」と言ったときの耕作の気持ちにあてはまらないものを、次から選び、記号で答えなさい。

ア　少ししか使っていないので、あまりよごれていない。
イ　先生が見ていないから、やらなくてもわからない。
ウ　先生に、手伝っているのを見られると叱られる。
エ　することはしたので、ちょっとでも早く帰りたい。

〔　　〕

(4) ――線④「権太は黙っていた」とありますが、このときの権太の気持ちを次から選び、記号で答えなさい。

ア　不信　イ　疑問《ぎもん》　ウ　同意　エ　感心

〔　　〕

(5) ――線⑤「耕作には、権太の言うことが、よくわからない」とありますが、「権太の言うこと」と「耕作の考えていること」が書かれている部分を、それぞれ三十字以内で探し、はじめとおわりの五字をぬき出しなさい。

・権太の言うこと

□□□□□〜□□□□□

・耕作の考えていること

□□□□□〜□□□□□

〔帝塚山学院中―改〕

9 物語を読む①

ステップ2

1 次の文章を読み、あとの問いに答えなさい。

「ばあちゃんに聞いたけど、どうして高校に行かなかったの？」

父もぼくの隣《となり》に腰《こし》を下ろしながら答えた。

「なんかね、このまま学校に行ってたら、世のため人のために生きなきゃならんような気がして、いやんなっちゃったんだ」

「ふーん」よくわからん。

「で、自分一人のために生きなきゃならんと思ってさ、昔から好きだった仏像彫刻《ぶつぞうちょうこく》をやろうと思った」

「金沢《かなざわ》に行って、弟子《でし》入りしたんだってね。それもばあちゃんから聞いたよ」

「奈良《なら》だよ。いいかげんなこと言ってんな。すぐやめたけどね」

「そうなんだってね。ものになんなかったから？」①ぼくは聞いてしまってから、ちょっとこわごわ父の横顔をのぞきみた。

「ばあちゃんがそう言ってたか？」父はまったく表情を変えずに言う。

「うん」

「それはそのとおりだ。他《ほか》になんか言ってたかい？」

「うーん、そうだな、今からはいい学校を出て、ちゃんとした勤《つと》め人になるのが一番だって」

「まあーったく、好き勝手の言いたい放題だな、あのバーさんは。でもそうかもしれんなあ」

「どうしてものになんなかったの？」

「頭が良かったからさ」

「どういうこと？」

「自分に才能がないってことをすぐ見抜《ぬ》いたってこと」

「ふーん」

「いや、これがなかなかむずかしいんだよ」

「そーお？」

「うん。でもまあ、おれの場合、周りにすごいのがいたからね、頭が悪くてもわかるわな」

父は楠《くすのき》の枝をまぶしそうに見上げて続けた。

「弟弟子が入ってきてね、こいつがすごかった。最初はおれの方が、技術的なことはずっとよく知っていたんだけど、どんどんうまくなるんだ。いや、技術がなかったときでも、おれよりずっといいもの彫《ほ》ってたなぁ。すぐ師匠《ししょう》も抜いたろうなあ。ああいうのがこの世にはいるんだよ。」

「そんなすごいの？」

「ああ。一度あいつが彫っているのを近くで見たことがあった。風呂《ふろ》たきをしながら、一尺《いっしゃく》くらいの薪《たきぎ》にな、観音像《かんのんぞう》をどんどん彫っていくんだ。本人はね、退屈《たいくつ》しのぎというか、自然に手が動くというか、全然気楽なんだよ。で、ものの半時間で彫り上げて、兄《あに》さん、どうですってね、見せるんだ。兄《あに》弟子がなんだ、どうだ、って顔してね」

「父ちゃん、何て言ったの？」

「見事だ、おれはお前にかなわないって言ったよ。するとそいつはにやっと笑って、それをポイッと火の中に放り込《こ》んだ」

月　日

時間 30分　合格 80点　得点　点

答え⬇別さつ10ページ

「ふーん！」
「そういう奴《やつ》なんだ。だけどおれは思ったとおりのことを言ったんだ。我《われ》ながらよくあんなに素直《すなお》になれたもんだと、②不思議な気がした。おれはけっこう意地っ張りだったんだけどね。実にさばさばした。よし、あとはこいつに任した、と思って、その日のうちに師匠のところを出た。おれは嬉《うれ》しかった。結局のところ、自分のために生きなきゃならんという思い込みが自分をがんじがらめにしてたんだってことが、よくわかった。③ほんとに自由になれそうな気がした。
その男はね、たちのよくない実にいやな奴だったけど、そんな奴があんな見事なものを彫るからには、きっと仏様ってほんとにいるんだ、と、ふと思ったりしたよ」

（芦原《あしはら》すなお「松《まつ》ケ《が》枝《え》町《ちょう》サーガ」）

(1) ——線①「ぼくは聞いてしまってから……のぞきみた」とありますが、「ぼく」がそのような行動をとったのはなぜですか。その理由の説明を次から選び、記号で答えなさい。（30点）［　　］

ア おばあちゃんの言ったことを何でも信じてしまうことで、父親を傷《きず》つけたと思ったから。

イ ちょっとしたことで理由もなく父親にしかられたことが、これまでも何度かあったから。

ウ あまりに率直な質問をしたことで、父親の気分を害してしまうかもしれないと思ったから。

エ 「ものにならない」ということばが、父親の気持ちをなごませるかもしれないと思ったから。

(2) ——線②「不思議な気がした」とありますが、父がこのように感じたのはなぜですか。その理由の説明を次から選び、記号で答えなさい。（30点）［　　］

ア あれほど嫌《きら》いだった弟弟子のことを、ようやく好きになることができたから。

イ とつぜん相手のご機嫌《きげん》を取った自分自身に対して、とまどってしまったから。

ウ 本当は彫刻家になんてなりたくなかったんだ、ということに気がついたから。

エ 弟弟子に自分の体面をけがされたのに、それに対して腹《はら》が立たなかったから。

(3) ——線③「ほんとに自由になれそうな気がした」とありますが、この「自由」とはどのようなことですか。その説明を次から選び、記号で答えなさい。（40点）［　　］

ア 兄弟子としての責任感や弟弟子に対するやきもちから解きはなたれて、楽になれたということ。

イ 今まで自分をしばりつけていた、自分のために生きなければならないという生き方から解放されたということ。

ウ これまでもっていた神や仏に対するこだわりを捨《す》てることによって、ようやく新たな生き方が見つけられたということ。

エ だれのために生きるべきかというばあちゃんのことばをようやく理解したことで、生きる意味を発見できたということ。

〔筑波大附中〕

10 物語を読む ②

学習のねらい

物語の組み立ては、始まり→展開《てんかい》→クライマックス→終わりの四段階《だんかい》構成になっていることが多く、物語が進む中で、変化の瞬間《しゅんかん》があります。そこが、主題をとらえる手がかりです。

月　日

答え⬇別さつ10ページ

STEP 1 ステップ1

1 ［主題を読み取る］次の文章を読んで、あとの問いに答えなさい。

「じゃ、おじいさん、おじいさんの名もそこに書いておかなければ…」と、クリストフは言った。「それにはおよばないよ、おまえ以外の人はそれを知らなくてもいい。ただ……ただ、もっとさきでわしがもういなくなったとき、これを見ておじいさんのことを思い出しておくれ。いいかい、わすれはしないだろうな?」きのどくな老人は思っていたことをすっかりは言わなかった。自分の孫の作品——祖父が①かれ自身よりも必ず長く生きつづけるにちがいないと予感していたその作品の中に、自作のつたない作曲の一部を入れるという、まことに②むじゃきな楽しみを制することができなかった。だがこの未来の光栄にあずかりたいという③祖父の願いは、まことにささやかな感動的なものであった。なぜなら、かれにとっては、自分の思想のほんのひとかけらを、自分の名は書き記さずに伝えることによって、すっかりほろびてしまわないようにしたいというだけのことであったから。

（ロマン＝ロラン「ジャン・クリストフ」豊島与志雄《とよしまよしお》訳）

(1) ——線①「かれ自身よりも必ず長く生きつづける」ものは何ですか。次から選び、記号で答えなさい。〔　〕

ア 孫の作品　イ 孫　ウ 思い出　エ 自分の思想

(2) ——線②の「むじゃきな楽しみを制することができなかった」のはだれですか。〔　〕

(3) この文の中心となっている内容は何ですか。次から選び、記号で答えなさい。〔　〕

ア 祖父の願いはささやかな感動的なものであった。

イ 祖父は自分の思想のひとかけらを孫の作曲の一部にとどめて残しておきたいと思った。

ウ 祖父は孫が自分より長く生きつづけるにちがいないと予感していた。

エ 祖父は孫にいつまでもわすれられたくないと思った。

(4) ——線③「祖父の願いは、まことにささやかな感動的なものであった」の説明を次から選び、記号で答えなさい。〔　〕

ア 祖父自身がそう思っている。

イ 孫がそう思っている。

ウ 作者がそのように説明している。

2 ［主題を読み取る］次の文章を読んで、あとの問いに答えなさい。

> むかし、奈良の都に若麻呂《わかまろ》という若い仏師（仏像を作る人）がいた。彼《かれ》は、この世にないほどの美しい厨子《ずし》（仏像を安置する箱）を作ろうとしていた。厨子はすっかりできあがり、あとは仕上《しあ》げだけを残している。しかし、最後の仕上げをどうすればよいのかわからず、途方《とほう》にくれて過ごしている。そんなある夏のこと、若麻呂は、セミを取りにきた一人の男の子と出会う。若麻呂はその子にセミをとってやった。

「ううん。」と、若麻呂はうなりました。

玉虫をうけとると、目をこらして見つめました。

ああ、美しい玉虫のすがた。①からだも足も金のようにかがやく緑。ひげは黒かとも見える。こい藍色《あいいろ》。背中《せなか》をつらぬいて走る紫《むらさき》の二本のすじ。その紫のつやつやしさ。見れば見るほど、これが虫とは思われません。にじがくだけて、その一かけらがこぼれおち、命をうけて虫になったとでももうしましょうか。

たちまち、②すばらしい考えが若麻呂の頭の中でひらめきました。

「これだ。」

これこそ厨子の仕上げの金。金よりもたっとい*金。命ある宝《たから》の玉。おさえきれぬよろこびで若麻呂の顔はかがやきました。あっというまに、若麻呂は、玉虫をつかんだままかけだしました。まるで、えがたい宝でもぬすんで逃《に》げるぬすびとのように、たちまち見えなくなりました。

「ぬすびとじゃ、ぬすびとじゃ。」

男の子は、大声で叫《さけ》びながら、若麻呂を追いかけました。

いまこそ若麻呂は、美しさをとらえることができました。美しさが、目の前にあるということも知りました。美しいものは、天上にあるのではなく、あてのないあこがれの中にただよっているのでもなく、わが目の前にあったのでございます。美しいものは、なまじ美しいものをつくろうと思うものの手にはとらえられずに、無心の子どもの手にとらえられるのでございます。

（平塚武二《ひらつかたけじ》「たまむしのずしの物語」）

＊たっとい＝とうとい

(1) ――線①「からだも足も……つやつやしさ」とありますが、この美しい玉虫のすがたを言い表している言葉を文中から六字でぬき出しなさい。

(2) ――線②「すばらしい考え」とはどういう考えですか。文中の言葉を使って二十五字以内にまとめなさい。

(3) この話の中で、若麻呂が知ったことを次から二つ選び、記号で答えなさい。〔　　〕〔　　〕

ア 美しいものは、作り出すものではなく、あこがれの中にあったということ。

イ 美しいものは、遠くにあるものではなく、身近なところにあったということ。

ウ 美しいものは、外見に表れているのではなく、内面にひめられていたということ。

エ 美しいものは、ただ追い求めて見つかるものではなく、こだわりをなくしたときに得られたということ。

（明星中―改）

月　日

答え↓別さつ10ページ

時間 30分　合格 80点

得点　　点

1 次の文章は、古代中国の思想家孔子《こうし》が、弟子《でし》の子路《しろ》と顔淵《がんえん》にめいめいの理想をたずねている場面です。これを読んで、あとの問いに答えなさい。

「先生、私《わたし》は、私が政治の要職につき、馬車に乗ったり、毛皮の着物を着たりする身分になっても、友人とともにそれに乗り、友人とともにそれを着て、たとい友人がそれらをいためても、うらむことのないようにありたいものだと存《ぞん》じます」

孔子は、子路が物欲《ぶつよく》に超越《ちょうえつ》したようなことをいいながら、その前提に自分の立身出世を置き、友人を自分以下に見ている気持ちに、ひどく不満を感じた。そして、促《うなが》すように、ふたたび顔淵の顔を見た。

顔淵は、いつものように謙遜《けんそん》な態度で、子路のいうことに耳を傾《かたむ》けていたが、もう一度、①自分の心を探《さぐ》るかのように目を閉《と》じてから、しずかに口を開いた。

「私は、善《ぜん》に誇《ほこ》らず、労を衒《てら》わず（自分の苦労や努力を誇らしげに見せびらかすことなく）、自分の為《な》すべきことを、ただただ真心をこめてやってみたいと思うだけです」

（中略）

子路は、顔淵の言葉に、なにかしら深いところがあるように思った。そして自分の述べた理想は、それに比べるといかにも上すべりのしたものであることに気がついて、いささか恥《は》ずかしくなった。が、悲しいことには、彼《かれ》の自負心が、同時に首をもたげた。そして、②彼はそっと顔淵の顔をのぞいてみた。顔淵は、しかし、いつもと同じように、つつましくすわっているだけで、子路が述べた理想を嘲《あざけ》っているようなふうなど、微塵《みじん》もなかった。子路はそれでひとまずほっとした。

けれども、子路としては、孔子がどう思っているかが、もっと心配であった。子路は、［A］、一種の気味悪さを感じながら、孔子の言葉を待った。孔子は、［B］、じっと彼の顔を見つめているだけで、なんともいわなかった。

かなり長い間、沈黙《ちんもく》がつづいた。子路にとっては、それは息づまるような時間であった。彼は目を落として、孔子の膝《ひざ》のあたりを見たが、やはり孔子の視線《しせん》が自分の額あたりに落ちているのを感じないわけにはいかなかった。③彼は少しいらいらしてきた。そして、顔淵までがおし黙《だま》って、つつましく控《ひか》えているのが、いっそう彼の神経を刺激《しげき》した。彼は顔淵に対して、これまでにない腹立《はらだ》たしさを感じたのである。で、とうとう彼はたえきれなくなって、詰《つ》めるように孔子に言った。

「先生、どうか先生の理想も承《うけたまわ》らせていただきたいと存じます」

孔子は、子路が顔淵に対してすらも、その浅はかな［C］を捨《す》てきらないのを見て、暗然となった。そして、深い憐憫《れんびん》の目を子路に投げかけながら、答えた。

「わしかい、わしは、老人たちの心を安らかにしたい、朋友《ほうゆう》とは信をもって交わりたい、年少者には親しまれたいと、ただそれだけを願っているのじゃ」

その言葉を聞いて、子路は、そのあまりに平凡《へいぼん》なのに、きょとんとした。そして、それに比べると、[D]、と思った。

彼のいらいらした気分は、それですっかり消えてしまった。

（下村湖人《しもむらこじん》「論語物語《ろんごものがたり》」）

(1) ——線①「自分の心を探るかのように目を閉じて」とありますが、ここから読み取れる顔淵の気持ちを次から選び、記号で答えなさい。(15点)
ア 孔子の問いの意味がわからずこまりはてる気持ち。
イ 子路の答えより良い答えを考えようとする気持ち。
ウ 慎重《しんちょう》に落ち着いて孔子の問いに答えようとする気持ち。
エ 孔子にみとめられた喜びをじっとかみしめる気持ち。
〔　　〕

(2) ——線②「彼はそっと顔淵の顔をのぞいてみた」とありますが、子路は、なぜそうしたのですか。文中の言葉を使って、三十字以内で答えなさい。(15点)

(3) 文中の[A]・[B]にあてはまる言葉を次から選び、記号で答えなさい。(20点/一つ10点)
ア しかし　イ そして　ウ もし　エ むしろ
A〔　　〕B〔　　〕

(4) ——線③「彼は少しいらいらしてきた」とありますが、その理由を次から選び、記号で答えなさい。(20点)
ア 話し合うことを求めたのに、弟子だけに発言させて自分の考えを何も言わない孔子にひどく腹が立ったから。
イ 自分の考えよりもすぐれた理想を述べた顔淵が、得意顔ですましてすわっていることが気に入らなかったから。
ウ 顔を見つめるだけで何も言わないので、自分が述べた理想についての孔子の考えがわからず不安だったから。
エ 顔淵の理想を聞き自分のあやまりに気づいたが、それを言い直すための言葉が見つからずあせってしまったから。
〔　　〕

(5) 文中の[C]にあてはまる言葉を文中から三字でぬき出しなさい。(15点)

(6) 文中の[D]にあてはまる言葉を次から選び、記号で答えなさい。(15点)
ア 自分はいささか難《むずか》しく考えていたな
イ 自分の言ったこともまんざらではないぞ
ウ 自分の何が気に召《め》さなかったのだろう
エ 自分や顔淵が評価されてしかるべきだ
〔　　〕

〔大妻中—改〕

1 次の文章を読んで、あとの問いに答えなさい。

（少年は、はじめて一人でバスに乗った。母が入院してお見舞《みま》いに行くためだ。）

数日後、父からバスの回数券《かいすうけん》をもらった。「十回分で十一回乗れるから、こっちのほうが得なんだ」——十一枚綴《つづ》りが、二冊《にさつ》。「だいじょうぶだよ」父はコンビニエンスストアの弁当をレンジに入れながら、少年に笑いかけた。「これを全部使うことはないから」

「ほんと？」

「ああ……まあ、たぶん、だけど」

足し算と割り算をして、カレンダーを思い浮《う》かべた。再来週のうちに使いきる計算になる。

「ほんとに、ほんと？」

①低学年の子みたいにしつこく念を押《お》した。父は怒《おこ》らず、②かえって少し申し訳《わけ》なさそうに「だから、たぶん、だけどな」と言った。

「よーし、ごはんだ、ごはん。食べるぞっ」

父は最近おしゃべりになった。なにをするにもいちいち声をかけてくるし、ひとりごとや鼻歌も増えた。

お父さんも寂《さび》しいんだ、と少年は思う。

回数券の一冊目を使いきる頃《ころ》には、バスにもだいぶ慣れてきた。

「毎日行かなくてもいいんだぞ」

父に言われた。「宿題もあるし、友だちとも全然遊んでないだろ？　忙《いそが》しいときや友だちと遊ぶ約束をしたときには、無理して行かなくてもいいんだからな」——それは病室で少年を迎《むか》える母からの伝言でもあった。

母は自分の病気より、少年のことのほうをずっと心配していた。自転車でお見舞いに行きたくても、交通事故が怖《こわ》いからだめだと言われた。バスで通っていても、病室をひきあげるときには必ず「降《お》りたあと、すぐ道路を渡《わた》っちゃだめよ」と［Ⅰ］を刺《さ》されるのだ。

「だいじょうぶだよ、べつに無理してないし」

少年が③笑って応《こた》えると、父は少し困《こま》ったように「まだ先は長いぞ」とつづけた。「昼に先生から聞いたんだけど……お母さん、もうちょっとかかりそうだって」

「……もうちょっと、って？」

「もうちょっとは、もうちょっとだよ」

「来月ぐらい？」

「それは……もうちょっと、かな」

「だから、いつ？」

父は少年から目をそらし、「医者じゃないんだから、わからないよ」と言った。

二冊目の回数券が終わった。使いはじめるとあっけない。一往復で二枚《にまい》ずつ——一週間足らずで終わってしまう。

まだ母が退院《たいいん》できそうな様子はない。

「回数券はバスの中でも買えるんだろ。お金渡すから、自分で買うか？

「……一冊でいい？」

④ほんとうは訊《き》きたくない質問だった。父も答えづらそうに少し間をおいて、「面倒《めんどう》だから二冊ぐらい買っとくか」と妙《みょう》におどけた口調で言った。

「定期券にしなくていい？」

「なんだ、おまえ、そんなのも知ってるのか」

「そっちのほうが回数券より安いんでしょ？」

定期券は一カ月、三カ月、六カ月の三種類ある。父がどれを選ぶのか、知りたくて、知りたくなくて、「定期って長いほうが得なんだよね」と言った。

「ほんと、よく知ってるんだなあ」父はまた⑤おどけて笑い、「まあ、五年生なんだもんな」とうなずいた。

「……何ヵ月のにする？」

「お金のことはアレだけど……回数券、買っとけ」

父はそう答えたあと、「やっぱり三冊ぐらい買っとくか」と付け加えた。

（重松《しげまつ》　清《きよし》「小学五年生」）

(1) ——線①「低学年の子みたいにしつこく念を押した」とありますが、どのようなことに対して「念を押した」のですか。（20点）

〔　　　〕

(2) ——線②「かえって少し申し訳なさそうに」とあるのはなぜですか。それを説明した次の文の（A）・（B）にあてはまる表現を考えて十字以内で答えなさい。（20点／一つ10点）

予想がはずれて（A）場合、（B）ことになるから。

A

B

(3) 本文中の I にあてはまる言葉を書きなさい（ひらがなでもよい）。（20点）　〔　　　〕

(4) ——線③「笑って応える」、——線⑤「おどけて笑い」とありますが、それぞれの「笑い」の説明としてふさわしいものを次から選び、記号で答えなさい。（20点）　③〔　　〕⑤〔　　〕

ア　③は父親の見当違《ちが》いの発言におかしみを感じている。⑤は心優《やさ》しい自分の息子に親愛の情を表している。

イ　③は父親の見当違いの発言におかしみを感じている。⑤は周知の事実を自慢《じまん》げに語る少年をあざけっている。

ウ　③は母親の退院までのことと明るくふるまっている。⑤は心優しい自分の息子に親愛の情を表している。

エ　③は母親の退院までのことと明るくふるまっている。⑤は病気の深刻さに触《ふ》れないで明るくふるまっている。

(5) ——線④「ほんとうは訊きたくない質問だった」とありますが、それはなぜですか。（20点）

〔　　　〕

〔城北中—改〕

11 伝記を読む

学習のねらい

伝記の読み方で何よりも大切なのは、その文章の中心にある考えをつかむことです。必ず中心となる人物がおり、これらの人物の行動や事件を通して話の筋《すじ》を読み取れるからです。

月　日

答え⬇別さつ11ページ

STEP 1 ステップ1

1 〔細部を読み取る〕次の文章を読んで、あとの問いに答えなさい。

『交響曲《こうきょうきょく》第三番変《へん》ホ長調（英雄《えいゆう》）』は、ベートーベンのはげしい感情がそのまま音楽にぶつけられています。それは、ベートーベンが貴族《きぞく》のためにつくったのではなく、はじめて、＊ナポレオンに、いえ、民衆《みんしゅう》のためにたたかう兵士、［　　］たちのために、つくったものだからです。ほとばしる思いを力いっぱいぶつけた、その思いが、ふきでているのです。

　これまで、モーツァルトにしても、ハイドンにしても、音楽家たちはみんな、貴族たちのために曲をつくってきました。

　けれどベートーベンは、このときはじめて、自分のために、①自分自身の思いのためにだけ、曲をつくりあげたのでした。「民衆のために」という、さいしょにナポレオンがいだいた思いに共感したベートーベンは、ナポレオンにうらぎられてもなお、その思いをけすことはありませんでした。

　あるとき、ベートーベンは、友だちへの手紙にこうかきました。

　ぼくの音楽は、②まずしい人びとに、もっとも、やくにたたなければならない。

（加藤純子《かとうじゅんこ》「ベートーベン」）

＊ナポレオン＝フランスの将校《しょうこう》だったが革命《かくめい》を起こし、皇帝《こうてい》になった。ベートーベンは当初、ナポレオンにささげるつもりで曲を作ったが、皇帝になったことに幻滅《げんめつ》したと言われている。

(1) この文章は、だれについて書いた伝記ですか。

〔　　　〕

(2) ［　　］にあてはまる言葉を次から選び、記号で答えなさい。

〔　　　〕

ア 英雄　イ 貴族　ウ 民衆　エ 音楽家

重要

(3) ——線①「自分自身の思い」とは、どんな思いですか。

〔　　　〕

(4) ——線②「まずしい人びと」は、だれを指していますか。

〔　　　〕

2 次の文章を読んで、あとの問いに答えなさい。

見た目にきれいだ、というだけの絵なら、世間にありあまるほどあります。ただ形を写すというだけの絵なら、画家の（あ）はそれほどいりません。a を通して魂《たましい》にふれるもの、そういうものでなければ、ほんとうの絵ということはできないでしょう。真実を描《えが》いて人々の心を打つもの、それがすぐれた作品です。そういうほんとうの絵、すぐれた作品というものは、そうたくさんはありません。絵をかいて、そこまでいった画家も、たくさんはありません。そういう作品を生みだすには、ただ絵がうまいというだけでは、不十分です。ものの＊真髄《しんずい》を見とおす深い目と、それを表すしっかりした腕《うで》とがなければなりません。そして、①この二つを自分のものとするためには、たとえ、（い）をもった画家でも、一生をかけて、骨《ほね》 b をけずる修行《しゅぎょう》をしなければなりません。むかしから、天才といわれるほどの画家は、みんなこういう苦しい修行をしてきた人たちです。

ジャン・フランソア・ミレーも、長い間、②逆境《ぎゃっきょう》のうちにあって、この苦しい修行をつみ、ついに、自分の c を切り開いた、少数の画家のひとりです。かれの描いた絵は、しみじみと私《わたし》たちの心にふれてきます。私たちの魂を、清らかな感情の中にひたしてくれます。かれの絵には、（う）がこもっているからです。かれこそは、真の画家、真の芸術家と呼《よ》んで、はずかしくない人物のひとりです。

かれは貧乏《びんぼう》でした。故郷《こきょう》の近くの町から学費をもらっていましたが、それは、パリでくらすには、あまりに少ない額でした。うちは貧しい農家なので、一フランだって、かれのところへ送ることはできません。

（山本《やまもと》 有三《ゆうぞう》「心に太陽をもて」）

＊真髄……いちばん大切なもの。

(1) （あ）〜（う）に入る言葉を次から選び、記号で答えなさい。

(あ)〔　〕 (い)〔　〕 (う)〔　〕

ア 天分　イ 苦心　ウ 幸運　エ 真実

(2) a 〜 c に、漢字一字を入れ、文章の意味が通じるようにしなさい。

a〔　〕 b〔　〕 c〔　〕

(3) ——線①「この二つ」とは何ですか。二つをか条書きにしなさい。

〔　〕
〔　〕

(4) ——線②「逆境」とありますが、ミレーにとっての「逆境」とは具体的に何だったのですか。——線②よりあとから、一語でぬき出しなさい。

〔　〕

(5) 筆者は、「すぐれた作品」とはどういうものでなければならないと考えていますか。文中から十五字以内でぬき出しなさい。

〔安田女子中―改〕

時間 30分　合格 80点　得点　点

1 次の文章を読んで、あとの問いに答えなさい。

　一九〇二年、キュリー夫妻は十分の一グラムのラジウム*1を、ガラスの器《うつわ》にとりだすことに成功しました。

　その日の夕方おそく、夫妻はくたびれはてて家へかえりました。マリーは、四さいになるイレーヌにごはんをたべさせ、おふろにもいれて、ベッドにねかせました。そして、夫のいる居間で、子どものエプロンをぬいはじめました。

　でも、どうも心がおちつきません。

「もういちど、①あれを見にいきましょうか。」

と、マリーがいいました。

「そうだね。いってみよう。」

　ピエールも②おなじ思いでいたのでした。

　ふたりはマントを着て、外へでました。くらい夜道をたどり、実験小屋へつきました。ピエールが入り口で明かりをつけようとすると、マリーはいそいでとめました。

「明かりをつけないで！」

　くらい小屋のなかの、実験台の上のガラスの器に、ほたるの光のような青白い光がちらちらしていました。白い塩のようなラジウムからでている、なんとも神秘《しんぴ》的な光でした。

「なんという、うつくしい光でしょう。」

　マリーとピエールは実験台のそばで、さむさもわすれて、いつまでもふしぎな光を見つめていました。

　ラジウム発見のニュースは、世界じゅうの科学者をおどろかせました。そして、ラジウムは、ひふ病やガンのようなむずかしい病気のちりょうにも、役にたつこともわかりました。

　キュリー夫妻の大発見は、もちろんワルシャワ*2にいるお父さんの耳にもとどきました。わが子の偉大《いだい》なしごとにかんげきし、よろこんでいたお父さんですが、それからわずか一週間あとに病気でなくなりました。

　マリーはお父さんが息をひきとる前に、ワルシャワへかえることができませんでした。おそうしきにかけつけたマリーは、お父さんのそばにいてお世話できなかったことをわびて、なきくずれました。

　ラジウムはむずかしい病気のちりょうに役だつ、ということがわかると、ほかの国でもラジウムを大量につくり、お金をもうけようとかんがえる人がおおぜいあらわれました。しかし、ラジウムのとりだしかたをしっているのは、キュリー夫妻だけなのです。

　ある日、ピエールは一通の手紙をうけとりました。手紙はアメリカのある会社からで、ラジウムをつくる事業をはじめたいので、そのつくりかたをおしえてほしい、というものでした。

「はて、どうするかね。ラジウムをとりだす方法をおしえてやるか。それとも、ぼくたちは発見者として特許の権利《けんり》をとっておくか。マリー、きみならどうする。」

と、ピエールがいいました。特許の権利をとっておけば、おなじ方法でラジウムをつくろうとするものは、発見者に特許料をはらわなければいけません。そうなればキュリー夫妻は、ばく大なお金をもらえることになるのです。

「それはいけません。□なんて、科学の精神にそむくことでしょう。」

と、マリーはいいました。

「ぼくもそうおもう。しかし、お金がはいれば、ぼくたちのりっぱな実験室をもつことだってできるんだがね。」

ピエールは、マリーの心をためすようにいいました。マリーはすこしかんがえてからいいました。

「わたしたちの発見が、商売としてもうかるものだったとしても、それはわたしたちに関係のないことです。ラジウムが病人のちりょうに役だっても、それでわたしたちが利益をえる理由はないとおもいます。」

「そうだね。まったくきみのいうとおりだ。アメリカの会社には、みんなおしえてやることにしよう。」

③にっこりわらって、ピエールがいいました。ふたりとも、お金にはまったく欲《よく》がないだけでなく、④科学者としての正しいありかたをまもったのです。

（伊東《いとう》　信《しん》「キュリー夫人」）

＊１　ラジウム＝治療《ちりょう》や蛍光塗料《けいこうとりょう》に使われる放射性物質《ほうしゃせい》。放射能が出る危《き》険《けん》物質だが、発見当時はわからなかった。

＊２　ワルシャワ＝ポーランドの首都。マリーはフランスに住んでいた。

(1) ――線①「あれ」とありますが、二人は何を見に行きましたか。(20点)

〔　　　　〕

(2) ――線②「おなじ思い」とありますが、どんな気持ちでしたか。(20点)

〔　　　　〕

(3) □にあてはまる言葉を次から選び、記号で答えなさい。(20点)

ア　ラジウムをとりだす　イ　特許をとる
ウ　ちりょうに使う　エ　つくりかたをおしえる

〔　　〕

(4) ――線③「にっこりわらって」とありますが、ピエールがわらったのは、なぜですか。(20点)

〔　　　　〕

(5) ――線④「科学者としての正しいありかた」とは、どういった態度ですか。(20点)

〔　　　　〕

12 随筆《ずいひつ》・脚本《きゃくほん》を読む

学習のねらい

随筆は筆者の性格や考え方が自然とにじみでている文章が多いので、いろいろな知識を調べながら読むようにします。脚本は人物・時・場所をよく理解することが大切です。

月　日

答え⬇別さつ12ページ

STEP 1 ステップ1

1 ［筆者の考えをつかむ］ 次の文章を読んで、あとの問いに答えなさい。

棚《たな》に並《なら》ぶ無数の本を、いつも見上げていた。

小学四、五年生の頃《ころ》の話である。

（中略）

そう、あの頃、棚に並ぶ本の大半は、自分の背丈《せたけ》よりもはるかに高い位置にあった。背表紙に記されたタイトルを端《はし》から読んでいると、しだいに首が痛《いた》くなってくる。足も疲《つか》れてくる。それでもぼくは①まなざしを床《ゆか》に落とすことなく、一心に本を見上げる……。

「そんなこととしてて面白《おもしろ》いのかい？」とあきれたように笑うのは三十五歳《さい》のぼくだ。小学生のぼくは「すごく面白いよ」と唇《くちびる》を尖《とが》らせるだろう。どこがどんなふうに面白いのか、訊《き》かれてもうまくは答えられないし、よく考えてみたら「やっぱりつまんないや」と苦笑《くしょう》交じりにつぶやくはめになってしまうのかもしれないけれど、あの頃、書店で過ごす時間を持て余《あま》すことはなかった。②買い物の袋《ふくろ》を提《さ》げた母親に声をかけられると、「もうちょっと」「あと五分だけ」と答えるのが常だった。

ごくたまに、母親が「一冊《さつ》、買ってあげようか」と言ってくれるときがある。ぼくは③返事もそこそこに小学校高学年向けのコーナー——江戸川乱歩《えどがわらんぽ》の少年探偵《たんてい》シリーズや怪盗《かいとう》ルパンシリーズなどの並ぶ棚に駆《か》けだしていく。

しかし、ここでもまた、ぼくは④背表紙を見つめるだけだ。手に取って表紙を確かめることはあっても、決してページはめくらない。面白そうな本であればあるほど、たとえ書き出しの一、二行であっても、この場で読んでしまうのが惜《お》しかったのだ。

さあ、どれにする。読みたい本は何冊もある。その中から選び抜《ぬ》く。背表紙をグッとにらみつけるようにして、読みたくてたまらない本を一冊だけ、決める。そんなふうにして、ぼくはルナールの『にんじん』やベルヌの『十五少年漂流《ひょうりゅう》記』に出逢《であ》ったのだった。

いま、三十五歳のぼくは、書店をごく日常的に利用している。棚に並ぶたいがいの本は手の届《とど》く高さにあり、最上段《さいじょうだん》の本を取るときには踏《ふ》み台や脚立《きゃたつ》を貸してもらう。「Ａ」ではなく「Ｂ」程度の本もさほどためらうことなくレジへ持っていくようになり、それと引き替《か》えに、残念ながら「Ｃ」本に出逢う回数が減ってきたことにも、気づく。

だからこそ、ぼくは、⑤あの頃の自分と同じような年格好の少年を書店で見かけると、なんともいえず嬉《うれ》しくなる。本を見上げる少年のまなざしの隅《すみ》を自分の本の背表紙がちらっとよぎってくれることを誇《ほこ》りに思う。そして、いつか少年が大人になったとき、「読みたくてたまらない」本の中にぼくの作品が含《ふく》まれていてくれれば……そんなことも、ふと思ってみたりするのである。

（重松《しげまつ》　清《きよし》「明日があるさ」）

(1) ——線①「まなざしを床に落とすことなく」とは、どのような様子を表していますか。

〔　　〕

(2) ——線②「買い物の袋を提げた母親に声をかけられる」とありますが、どんなふうに声をかけられたのだと考えられますか。

〔　　〕

(3) ——線③「返事もそこそこに」とありますが、どのような気持ちでしたか。次から選び、記号で答えなさい。

ア 本を選ぶのが楽しみな気持ち。
イ 早くすませて本をながめたい気持ち。
ウ 本をもっとたくさん買ってほしい気持ち。
エ 一人で本を読みふけりたい気持ち。

〔　　〕

重要

(4) ——線④「背表紙を見つめるだけだ」とありますが、売り場で本のページをめくってみないのは、なぜですか。

〔　　〕

(5) A ～ C に入る言葉を次から選び、記号で答えなさい。

ア 読みたくてたまらない
イ 読みたい
ウ 読んでおいたほうがいいだろう
エ 読んでも役に立たない

A〔　　〕　B〔　　〕　C〔　　〕

(6) ——線⑤「あの頃の自分と同じような年格好の少年」とありますが、どのくらいの年ですか。

〔　　〕

(7) 本文の内容と合うものを次から選び、記号で答えなさい。

ア 子どもの頃の筆者には、本の背表紙をながめるぐらいしか楽しみがなかった。
イ 三十五歳になった今でも、書店で本を買うのは特別なことである。
ウ 買う前に本を読んでしまうと、本を買うありがたみが減ってしまう気がする。
エ かつての自分があこがれ、夢中になったような本が自分に書けていると嬉《うれ》しいと思う。

〔　　〕

ステップ2

月　日
時間 30分
合格 80点
得点　　点
答え⬇別さつ13ページ

1 次の文章は、「木竜《もくりゅう》うるし」の一場面です。文章を読んで、あとの問いに答えなさい。

　①権八《ごんぱち》が、ふちをのぞきこんでいる。

権八　今に見とれ。藤六《とうろく》のやつ、びっくりぎょうてん、とんで出るぞ。おらがうるしを取ってこいちゅうたら、ばか正直め、さっそくもぐっていきよった。一ぺんあの竜を拝《おが》ませとけば、②もう安心。二度ともぐる心配はない。そこで、おれ様がひとりじめだ。アッハッハ。

　スポンと、藤六が水の中からとび上がる。

藤六　だ、大蛇《だいじゃ》だあ。大蛇がおったあ。ふちの底に、大蛇がねとったあ。（とんでにげていってしまう。）

権八　アッハッハ。アッハッハ。おうい、藤六よ。大蛇ではない。③竜だぞよ。大蛇よりもおそろしい竜だぞよう。アッハッハ。どうれ、それでは、おれ様が仕事にかかるか。……はて、ぶるぶるふるえてきたぞ。あんまりの大金もうけだで、武者ぶるいが出たか。ええい、権八、しっかりやれ。（ドブン……ブクブクブクブク）

　しばらくそのまま。

　ピーチクピーチク

　藤六が、おそるおそるもどってくる。

藤六　（こわごわふちをのぞきこんで）はて、権八はどうしたかいな。おら、あまりのこわさににげだしたが、権八ひとり残しといては気の毒だ。④何も知らんでもぐったんではあるまいかな。おうい、権八よう。

　スポンと、権八がとび上がる。

藤六　わっ。（びっくりして、大木のかげにころげこむ。）

権八　た、た、たいへんだ。りゅ、竜が生きとったあ。大きな口をあけて、おらをにらんだあ。こ、こらどうしたこっちゃ。わあい。

藤六　（大木から、そうっと顔を出す。）権八よ、ご、権八よ。

権八　やっ、藤六。た、たいへんだ。

藤六　⑤おったろが。

（木下順二《きのしたじゅんじ》「木竜うるし」）

(1) 脚本《きゃくほん》で、――線①のような部分を、何といいますか。(10点)

〔　　〕

(2) ――線②「もう安心」とありますが、なぜそのように思ったのですか。文中の言葉を使って説明しなさい。(10点)

〔　　〕

(3) ――線③「竜だぞよ」とあるのは、権八が木で竜をほったものを、水に沈《しず》めたので、その言葉が出てきたのですが、藤六は、「大蛇」が出たと言っています。しかし、権八は水にもぐっていきます。なぜ、もぐったのですか。(10点)

〔　　〕

(4) この物語の主人公は権八と藤六のどちらだと思いますか。その理由も書きなさい。(20点／一つ10点)

主人公〔　　〕

理由

〔　　〕

(5) ――線④「何も知らんでもぐったんではあるまいかな」とありますが、藤六はおどろいて水から出てきたときに、権八の姿《すがた》を見ていたのでしょうか。その理由も書きなさい。(20点／一つ10点)

〔　　〕

理由

〔　　〕

(6) ――線⑤「おったろが」という藤六の言葉から、藤六はどのような人だと思われますか。次から選び、記号で答えなさい。(10点)

ア 自分のことしか考えない人。

イ 素直《すなお》で権八のことを信じている人。

ウ 権八を信じていないが、付き合いで合わせる人。

〔　　〕

(7) この物語の主題として考えられることを、次から選び、記号で答えなさい。(20点)

ア 権八のように、自分の欲《よく》を満たすために、友だちをもうらぎる人間もいるということ。

イ 人間は、誠実《せいじつ》さが何よりも大切であるということ。

ウ 藤六のように、だまされることもコミュニケーションを保つためには必要なことだということ。

〔　　〕

月　日
時間 30分
合格 80点
得点　点
答え↓別さつ13ページ

1 次の文章を読んで、あとの問いに答えなさい。

動物園では、類人猿《えん》の係をゴリチン係というそうだ。ゴリラ、チンパンジーを略してゴリチンである。ユーモラスな呼《よ》びかただ。そういうユーモアは①期せずして飼育者と動物との間に生まれるものらしい。よき交際には健康で明るい笑いがつきもののはずである。動物園のお客さまには動物が主役である。主役が見えるばかりで、飼育係の顔など見えはしない。それでいいのだし、自分の顔もたまには見てもらいたいなどと言う飼育係は、一人もいないのだけれど、②私《わたし》はそこのところが大切なところだと思う。私たちは③直接にゴリチンと交際はできないのである。人と動物との間に交わされた、ユーモアと哀《かな》しみと怒《いか》りと恐怖《きょうふ》とを経験してきた交際を聴《き》かせてもらいたいのである。「たしかにあんたゴリラに恰好《かっこう》が似てきたね。歩く後ろ姿なんかにゴリラの特徴《とくちょう》はっきりしているものなあ」と言われて、「そうかなあ。自分じゃ気もつかないけど、長年つきあっていつも見ているんだからなあ、似るのもうそじゃあるまい」という素直《すなお》さなのである。大概《たいがい》の人なら、「ばかにするない！　なんでおれがゴリ公なんだ、ふざけやがって！」となるところを、④さもあらんと思って肯定《こうてい》しているのである。

私は話を聴こうとして、⑤ゴリチンのお邸《やしき》に参上するように行きかけて、気がついてお客さんの顔をもう一度注意した。心を奪《うば》われて、少し笑ったなりに見惚《ほ》れている人、わあ？と何か思い考えつつ見ているらしい人、なんとか一ツからかってみたいもんだという悪ふざけのしたそうな人、等々であった。

飼育の人は謙遜《けんそん》である。謙遜というか控《ひか》えめというか、とにかく動物について語るときなかなか用心ぶかいのだ。何々であるとは容易に言わない。「と思うけれど――」と言う。「⑥ことばは通じないし生活も同じではないし、大概こんなところじゃあるまいかと想像する程度しかわからないんですよ」と言う。責任を逃《に》げているのではなくて、現在の段階《だんかい》では⑦推察《すいさつ》の域《いき》にとどまっているのだというのである。だから「と思う」という曖昧《あいまい》は、実は正直率直《そっちょく》な言い分なのである。それにひきかえて自分の経験については、こうだったという言いかたをする。「でしょう」とか「と思う」とか「らしい」とかいうことばが会話にかなりたくさん使われ、断定語はほとんど経験による事柄《ことがら》だけに使われている。つまりこの点では、⑧ことばはかなり神経こまかく、正しく使用されているのだ。

この態度は誰《だれ》かに似ているという気がした。それは［ ⑨ ］たちに似ていた。何の学問によらず何かを究《きわ》めて行こうとする人たちは、「である」と「と思う」をはっきり気をつけて使う習慣がある。飼育の人は学問をするために飼育を担当《たんとう》する気になったのではないだろうが、熱心に飼育をしていることに、自然と「である」と「と思う」とに厳《きび》しい区別をつけて話すことになったのだろうか。私は飼育係を「である」で話す人ときめてかかっていたので、⑩たしなめられる思いがある。人間は動物に「である」ずくめで対《むか》えるほど、よく承《しょう》知《ち》しているつもりなら不謙遜である。飼育係の「と思う」は学問する人の態度をもって語られている。

（幸田《こうだ》　文《あや》「動物のぞき」）

(1) ――線①「期せずして」の意味を次から選び、記号で答えなさい。(10点)　〔　　〕

ア 思いがけなく　イ 時期を決めずに

ウ 一回で　エ 自然に

(2) ――線②「私はそこのところが大切なところだと思う」とありますが、筆者がそのように思うのはなぜですか。その説明にあたる一文のはじめの四字をぬき出しなさい。(10点)　〔　　〕

(3) ――線③「直接」と同じ意味で「直」が使われている熟語《じゅくご》を選び、記号で答えなさい。(10点)　〔　　〕

ア 直筆　イ 正直　ウ 日直　エ 直線

(4) ――線④「さもあらんと思って肯定している」にあたる部分のはじめとおわりの四字をぬき出しなさい。(10点)　〔　　〕～〔　　〕

(5) ――線⑤「ゴリチンのお邸に参上する」の言い方のユーモラスなところはどんな点か、説明しなさい。(10点)

〔　　〕

(6) ――線⑥「ことばは通じない」とありますが、誰と誰が通じないのですか。(完答10点)　〔　　〕〔　　〕

(7) ――線⑦「推察」の文は文末がどうなると言っていますか。文中から二つぬき出しなさい。(10点/一つ5点)

〔　　〕〔　　〕

(8) ――線⑧「ことばはかなり神経こまかく、正しく使用されているのだ」とありますが、正しく使用されているとはどういうことですか。具体的に説明しなさい。(10点)

〔　　〕

(9) ⑨ にあてはまる言葉を文中からぬき出しなさい。(6点)

〔　　〕

(10) ――線⑩「たしなめられる」とありますが、「たしなめる」の意味を次から選び、記号で答えなさい。(5点)　〔　　〕

ア おこる　イ さげすむ

ウ しかる　エ なだめる

(11) 次のことわざに動物の名前を入れなさい。(9点/一つ3点)

① 〔　　〕の耳に念仏

② 蛇《へび》ににらまれた〔　　〕

③ 〔　　〕の威《い》を借る狐《きつね》

〔女子学院中〕

13 詩を読む

月　日

答え⬇別さつ13ページ

学習のねらい

詩の中にある言葉の調子（リズム）をつかみます。また、詩特有の言葉（詩語）が使われているため、その言葉から詩の中心にせまることが大切です。

ステップ1

1 ［詩の読解］次の詩を読んで、あとの問いに答えなさい。

登　校

村野《むらの》四郎《しろう》

新しいノートと新しい本、
ぎっしりつめたかばんの重みが
わたしの歩みを力づよくする。
けさは、目にうつるすべてのものが
［A］にみち、
生気にあふれて立っている
むねをはって行く朝の道
ふと、心のどこかで、
もう一度、
［B］母のことばがささやく、
しっかりやってねと。
母の心は、このことばに生きて、
わたしの心によびかける。
すると、わたしのむねの底で、
［C］これにこたえる声がある。
明るい光、
ひろがる風景、
道をはさんで、
いちめんにゆれる黄色い菜畑
風が
花のにおいをはこんでくる。

(1) ［A］にあてはまる言葉を次から選び、記号で答えなさい。　〔　〕

(2) ［B］にあてはまる言葉を次から選び、記号で答えなさい。　〔　〕
ア 信頼　イ 自信　ウ 願望　エ 期限

(3) ［C］にあてはまる言葉を次から選び、記号で答えなさい。　〔　〕
ア きびしい　イ たのしい　ウ おそろしい　エ やさしい

重要
(4) この詩を三つの部分に分けると、どこで分けたらよいですか。二つめと三つめのはじめの言葉をそれぞれ三字ずつぬき出しなさい。　〔　〕〔　〕
ア ぼんやりと　イ すっきりと
ウ はっきりと　エ うっかりと

(5) ――線「これにこたえる声」とは、どういう声ですか。
〔　〕

〔同志社香里中―改〕

2 〔詩の読解〕次の詩を読んで、あとの問いに答えなさい。

雁《かり》

千家元麿《せんけもとまろ》

暖《あたた》かい静かな夕方の空を
百羽ばかりの雁が
一列になって飛んで行く
天も地も動かない静かな景色の中を、①不思議に黙《だま》って
②同じように一つ一つセッセと羽を動かして
黒い列をつくって
静かに音も立てずに横切ってゆく
側《そば》へ行ったら羽の音が騒《さわ》がしいのだろう
息切れがして疲《つか》れているのもあるのだろう、
だが地上には　③それは聞こえない
彼等《かれら》はみんなが黙って、心でいたわり合い助け合って飛んで
ゆく。
④前のものが後になり、後ろのものが前になり
心が心を助けて、⑤セッセセッセと
勇ましく飛んで行く。
その中には親子もあろう、兄弟姉妹《しまい》も友人もあるにちがいない
この空気も柔《やわ》らいで静かな風のない夕方の空を選んで、
一団になって飛んで行く
暖かい一団の心よ。
天も地も動かない静かさの中を　⑥なんじばかりが動いてゆく
黙ってすてきな速さで
見ているうちに通り過ぎてしまう。

重要

(1) ——線①「不思議に黙って」とありますが、「不思議に」と表現したのはなぜですか。

〔　　　　〕

(2) ——線②「同じように」がかかる言葉を次から選び、記号で答えなさい。

ア 一つ一つ　イ セッセと　ウ 羽を　エ 動かして

〔　〕

(3) ——線③「それ」が指しているものを、二つ答えなさい。

〔　　〕〔　　〕

(4) ——線④「前のもが……前になり」とありますが、なぜこのような飛び方をしているのですか。詩の中の言葉を使って、二十五字以内で答えなさい。

(5) ——線⑤「セッセセッセ」のような語をなんと言いますか。次から選び、記号で答えなさい。

ア 擬音語《ぎおん》　イ 外来語　ウ 擬態語　エ 擬人法

〔　〕

(6) ——線⑥「なんじ（おまえ）」とはここでは何のことですか。

〔　　〕

〔追手門学院中—改〕

ステップ2

1 次の詩を読んで、あとの問いに答えなさい。

星とたんぽぽ

金子《かねこ》みすゞ《ず》

青いお空の底ふかく、
海の小石のそのように、
[A]がくるまで沈《しず》んでる、
昼のお星は眼《め》にみえぬ。
　見えぬけれどもあるんだよ、
　見えぬものでもあるんだよ。

散ってすがれた*1たんぽぽの、
瓦《かわら》*2のすきに、だァまって、
春のくるまでかくれてる、
つよいその[B]は眼にみえぬ。
　見えぬけれどもあるんだよ、
　見えぬものでもあるんだよ。

＊1　すがれた……草木の葉先などが、冬に近づくにつれ枯《か》れ始めた。
＊2　瓦のすき……屋根の瓦のすきま。

(1) [A]・[B]に入る言葉を次から選び、記号で答えなさい。(20点/一つ10点)

A　ア 春　イ 夏　ウ 朝　エ 夜　〔　　〕
B　ア 葉　イ 根　ウ 花　エ 幹　〔　　〕

(2) この詩で使われている表現上のくふうを次から選び、記号で答えなさい。(10点)〔　　〕

ア 七音五音をくり返すことで、詩のリズムをつくっている。
イ 同じ言葉をくり返すことで、明るい感じを出している。
ウ 言葉の順序《じゅんじょ》を逆にすることで、世界を広げている。
エ 物を表す言葉で終わり、リズムにくふうがされている。

(3) この詩で、作者はどんなものに気づくことが大切だと思っていると考えられますか。次から選び、記号で答えなさい。(15点)〔　　〕

ア よく見れば見えるのに、何気なく通り過ぎてしまうもの。
イ よく見ないと見えないくらい、小さなもの。
ウ 見えないけれど、おそらく存在《そんざい》していると思われるもの。
エ 見えないけれど、確かに存在しているもの。

〔京都教育大附中―改〕

2 次の詩を読んで、あとの問いに答えなさい。

「水」

石垣《いしがき》りん

小学校の庭の片《かた》すみにプールがありました。
先生は泳ぐことを教えてくれました。
幼《おさな》い仲間たちは互《たが》いに手を貸しました。
それは①ちいさな模型《もけい》
足で歩くだけでは渡《わた》りきれない
暮《くら》しの山河をひかえて。

こわがるのではない、と先生がいいました。
ひとりが進んでゆく
せばめられた水路の両わきに
立ち並《なら》んだ胸壁《きょうへき》はただ優《やさ》しくせまり
差しのべられた手は
あたたかいアーチをつくって導く
それほど友情と＊庇護《ひご》に満ちた日にも
少女はくぐりぬけるのが精いっぱいで
②堅《かた》く身構えることしかできませんでした。

思い出します
はじめて水の冷たさを知ったときを。
どんなに教えられても
じょうずに泳ぐことのできなかった子は
苦い水をどっさり飲んで年をとりました。
くぐりぬけたさまざまなこと
試験、戦争、飢《う》え、病気
どれひとつ③足の立つ深さではなかったのを。
二十五メートルの壁《かべ》に触《ふ》れて背《せ》を起《お》こすように
ようやくの思いで顔を上げれば
私《わたし》の回りには日暮《ひぐ》れだけが寄せていて
昔の友も
先生も
父母もだれひとりおりませんでした。
小学校の庭の片すみにプールがあります。

＊庇護…弱いものをかばい守ること。

(1) ――線①「ちいさな模型」とは何の模型ですか。最も適当な言葉を、同じ連の中からぬき出しなさい。(20点)

〔　　　　〕

(2) ――線②「堅く身構える」とありますが、このときの少女の気持ちを次から選び、記号で答えなさい。(15点)

ア 興奮《こうふん》する気持ち　イ かたくなな気持ち
ウ 動揺《どうよう》している気持ち

〔　　　　〕

(3) ――線③「足の立つ深さではなかった」とはどういうことですか。二十字以内でわかりやすく説明しなさい。(20点)

〔京都女子中―改〕

14 短歌・俳句《はいく》を読む

学習のねらい
短歌は、「句切れ」（一句のと中で意味のつながりが切れる部分）のところに感動の中心があります。また、「比喩（ひゆ）」（たとえ）にも注意します。俳句は、季語に注意します。

月　日

答え➡別さつ14ページ

STEP 1 ステップ1

1 〔短歌を読む〕次の短歌を読んで、あとの問いに答えなさい。

Ⓐ 行くのかと言わずにいなくなるのかと家を出る日に父が呟《つぶや》く

Ⓑ 東京へ発《た》つ朝母は老《ふ》けて見ゆこれから会わぬ年月の分

Ⓒ なんとなく冬は□寒くなる電話料金増えて木枯《こが》らし

Ⓓ なんでもない会話なんでもない笑顔《えがお》なんでもないからふるさとが好き

(1) Ⓐの歌には父のどのような気持ちが歌われていますか。〔　　〕

ア さびしい気持ち　イ 強がっている気持ち

ウ てれくさい気持ち　エ あわてている気持ち

(2) Ⓑの歌の――線部から読みとれるものは何ですか。〔　　〕

ア 娘《むすめ》が実家にいる間、世話をするのに疲《つか》れてしまった母

イ 自分のことをいつも心配していてくれる母を思う娘

ウ 自分を育ててくれた母の苦労を、実家に帰って知った娘

エ 娘が心配で、しわがふえ、髪《かみ》も白くなってしまった母

(3) Ⓒの歌の□には次のどの語が入りますか。〔　　〕

ア 体が　イ 心も　ウ 心が　エ 体も

(4) Ⓓの歌からはどのような気持ちが伝わってきますか。〔　　〕

ア ふるさとでは、人々がむずかしい話をしないので好きだという気持ち

イ 人の心をおどろかすようなことのないふるさとが好きだという気持ち

ウ かざり気がなく、心をなごませてくれるふるさとが好きだという気持ち

エ 都会人とちがって、ふるさとの人々はよく話し、よく笑うので好きだという気持ち

〔青山学院中〕

重要

2 〔俳句を味わう〕次の俳句について、あとの〔感じ〕の中でふさわしいものを選び、記号で答えなさい。

(1) たたかれて昼の蚊《か》をはく木魚《もくぎょ》かな〔　　〕

(2) 雪とけて村一ぱいの子ども哉《かな》〔　　〕

(3) 犬が来て水のむ音の夜寒かな〔　　〕

(4) さみだれを集めて早し最上川《もがみがわ》〔　　〕

(5) うぐひ《い》すの鳴くや小さき口あけて　〔　〕

【感じ】

ア 明るくはずんでいる感じがする
イ 作者の温かい心を感ずる
ウ かわいらしさ、あどけなさを感じる
エ 自然の力強さを感じる
オ 自然のおかしみがある
カ かわいそうな感じがする
キ 底びえする寒さを感じる

〔明治大付属明治中―改〕

重要

3 [短歌の解釈《かいしゃく》] 次の短歌を読んで、あとの問いに答えなさい。

① ふるさとのなまりなつかし停車場の人ごみの中にそを聞きにゆく

② 隣室《りんしつ》に書《ふみ》読む子らの声きけば心にしみて生きたかりけり

③ 石走《いわばし》る垂水《たるみ》の上のさわらびの萌《も》え出《い》づる春になりにけるかも

④ 海こいし潮《しお》の遠鳴りかぞえては少女《おとめ》となりし父母《ちちはは》の家

⑤ はたらけどはたらけど猶《なお》わが生活《くらし》楽にならざりぢっと手を見る

(1) ①〜⑤の短歌の解説にあたる文を次から選び、記号で答えなさい。

①〔　〕　②〔　〕　③〔　〕　④〔　〕　⑤〔　〕

ア 旅行中の風景を写生したものである。
イ 病床《びょうしょう》にある親の心情が表れている。
ウ 久しぶりにふるさとの駅に立ったよろこび。
エ 自分が育った生家をなつかしむ情をのべている。
オ 現実のわびしさがにじみ出ている。
カ 季節の変わり目、自然の美しさを発見した作者の感動があふれている。
キ 子供たちにいつまでも生きていてほしいと願っている父の心があらわされている。
ク 大都会に住みつき故郷《こきょう》を思う情をうたっている。
ケ 春の夜のさびしさをうたっている。

〔賢明女子学院中―改〕

4 [短歌の言葉] 次の短歌の中の〔　〕に入る言葉を、あとから選び、記号で答えなさい。

(1) 田子《たご》の浦《うら》ゆ　うち出《い》でて見れば　真白にぞ
　ふじの高嶺《たかね》に〔　〕はふりける　山部赤人《やまべのあかひと》

(2) たは《わ》むれに〔　〕を背負《せお》ひ《い》て　そのあまり
　軽《かろ》きに泣きて三歩あゆまず　石川啄木《いしかわたくぼく》

ア 妹　イ 母　ウ 雨　エ 雪

1 次の文章を読んで、あとの問いに答えなさい。

世の中に絶えて桜のなかりせば春の心はのどけからまし

*1『伊勢《いせ》物語』に登場する和歌で、*2『古今《こきん》和歌集』にも収《おさ》められている有名な作品である。

「春になると私《わたし》たちは、もうすぐ桜が咲《さ》くなあと[A]し、早く咲かないかなあと[B]もし、咲けば咲いたで[C]するいっぽう、風や雨で散ることを心配し、散りはじめると[D]してしまう……。ほんとうに桜というのは私たちの心を振《ふ》り回すもの。この世に桜というものがなければ、春の心はどんなにかのんびりと穏《おだ》やかなものであろうか――という①逆説的な言い方で、桜の素晴《すば》らしさと存在《そんざい》感を讃《たた》えているんですね」

我《われ》ながらうまく説明できたと思ったのだけれど、学生たちはぽかんとしている。何故《なぜ》、大の大人がそこまで一生懸命《けんめい》になるのか、ずいぶん大げさなんじゃないの、という反応である。

「大げさなんかじゃありません。今だって、桜前線というのがあって、毎日テレビのニュースや新聞で報道されているんですよ」と桜前線のことを紹介《しょうかい》すると、今度はぽかんを通り越《こ》して、みんなゲラゲラ笑いはじめる始末。

「②花が咲いたとか咲かないとかいった話題を、毎日わざわざニュースでやるなんて、ずいぶん呑気《のんき》なんですね」というわけだ。

そう言われてみると、たとえば、チューリップ前線とか、ひまわり前線とか、そういうことを年がら年中やっているとしたら、これは実に呑気な感じがする。そういうおかしさを、彼《かれ》らは感じたのだろう。でもでも、桜前線は、おかしくないのだ。なんてったって桜である。桜は、我々《われわれ》日本人にとっては別格の女王さまなのだ。そこのところが、どうも理解されにくいようだった。

しかも、これはデンマークでの体験ではないのだが、別のヨーロッパの国で「③なんで、あんな薄汚《うすぎたな》い色の花がいいのか？」と質問されたことがある。たしかに、ピンクといっても、バラやスイトピーのようにはっきりしてはいない。どちらかというと、ねぼけたような色である。「しかも、あの幹の、老婆《ろうば》の手のような存在感が、気色悪い」という意見もあった。そこまで言われるとムッとしてしまうが、ある意味では客観的な見方ではある。しかしそれが、日本の春のやさしい青空とぼんやりした空気とに、実によく合うのだ。たとえば真紅《しんく》の桜なんて、考えただけでも目眩《めまい》がしそうだ。

桜というのは、花だけをとりだして観賞するものではないのかもしれない。桜の咲いている空間ごと、そして時間ごと、日本の春という舞台《ぶたい》のすべてを含《ふく》めて桜なのだという気がする。

（俵《たわら》 万智《まち》「風の組曲」）

＊1 『伊勢物語』＝平安時代の歌物語。歌が作られた成り行きの物語とともに、和歌が収録《しゅうろく》されている。

＊2 『古今和歌集』＝平安時代に、天皇の命令で選定された最初の和歌集。

(1) A ～ D に入る言葉を次から選び、記号で答えなさい。（20点／一つ5点）

ア しんみり　イ がっかり　ウ ぐったり
エ イライラ　オ うきうき　カ わくわく

A〔　　〕 B〔　　〕 C〔　　〕 D〔　　〕

(2) 和歌の意味をそのまま現代語で示した言葉をぬき出しなさい。（15点）

〔　　　　　　〕

(3) ――線①「逆説的な言い方」とありますが、結論《けつろん》としては、どういうことを言っているか、次から選び、記号で答えなさい。（15点）

〔　　〕

ア 桜は人の心をまどわすので、ないほうがよい。
イ 桜はあれば心がさわぐが、ないとさびしい。
ウ それほど人々の心を動かす桜は、すばらしい。
エ 大の大人が桜に大さわぎするのは、見苦しい。

(4) ――線②「花が咲いたとか……ずいぶん呑気なんですね」という反応に対して、筆者はどう考えていますか。文中の言葉を使って二十字以内で答えなさい。（15点）

(5) ――線③「なんで、あんな薄汚い色の花がいいのか？」という反応に対して、筆者はどう考えていますか。文中の言葉を使って三十字以内で答えなさい。（15点）

(6) 俳句《はいく》で用いる季語としてとらえると、「桜」の季節は春です。文中に出てくる次の花の季節をそれぞれ答えなさい。（20点／一つ5点）

㋐ チューリップ〔　　〕　㋑ ひまわり〔　　〕
㋒ バラ〔　　〕　㋓ スイートピー〔　　〕

月　日

答え⬇別さつ15ページ

時間 30分
合格 80点
得点　点

1 次の詩を読んで、あとの問いに答えなさい。

豊かな町で

神保光太郎《じんぼこうたろう》

豊かな町で
私《わたし》はとある食堂にはいった
ぼういは①いんぎんに私をむかえて
*1白磁《はくじ》の皿にいっぱいの料理をはこんできた
窓には
花が*2爛漫《らんまん》と咲《さ》きこぼれ
道行く人は
みんなまぶしそうに花をあおいで

豊かな町で
②春のあいさつをした
私はひとつの*3鳥籠《とりかご》を買った
③私の手にあまる大きさであった
*4停車場《ば》の人は
にこにことそれを受け取り
預かり証を書きながら私にたずねた
④なにをお飼いになりますか
—ああ　ふっくらした夢です
⑤私はその鳥籠といっしょに汽車に乗った

豊かな町よ！
さようなら！
豊かな町で
花は爛漫と咲き
山々はまどかに
人々は礼儀《れいぎ》正しく……

*1　白磁……磁器（焼き物）。
*2　爛漫……花々が咲き乱《みだ》れる様子。
*3　鳥籠……とりかご。
*4　停車場……駅。

(1) ——線①「いんぎんに」とは難《むずか》しい言葉ですが、全体から考えると言葉の持つふんいきは伝わります。では「ぼうい」（店員）のどんな様子を表した言葉だと思いますか。次から選び、記号で答えなさい。(10点)

ア 猫《ねこ》なで声で　イ 目の色を変えて
ウ あいそ良く　エ 腹《はら》を割《わ》って

〔　　〕

(2) ——線②「春のあいさつをした」とありますが、だれが、どのようなあいさつをしたのでしょうか。二十字以上三十字以内で書きなさい。(20点)

(3) ——線③「私の手にあまる大きさであった」とありますが、ここが「私の手にぴったりの大きさ」ではいけません。なぜでしょうか。次から選び、記号で答えなさい。（10点）〔　　〕

ア 私が考えていた以上の大きさだったということで、鳥籠を買ってしまった後悔《こうかい》を表すから。

イ 私の手からはみ出すほどの大きさの鳥籠を買えたということで、安心感を表すから。

ウ 私がひとりで抱《かか》えているには不安なほど貴重で、停車場の人に預けることにつながるから。

エ 私の手では抱えられないほどという意味で、これは「ふっくらした夢」につながっていくから。

(4) ——線④のやりとりの後、「停車場の人」はどんな受け答え（表情）をしたと思いますか。次から選び、記号で答えなさい。（15点）〔　　〕

ア 微笑《ほほえ》んだ　**イ** 大笑いをした

ウ あざわらった　**エ** 含《ふく》み笑いをした

(5) ——線⑤「私はその鳥籠といっしょに汽車に乗った」とありますが、このときの作者の気持ちを次から選び、記号で答えなさい。（15点）〔　　〕

ア 面倒《めんどう》くさく気が重い

イ 満ち足りた幸せな気持ち

ウ つらく悲しい気持ち

エ おだやかだがさみしい気持ち

〔芝浦工業大中〕

---

2 次の詩を読んで、あとの問いに答えなさい。

郷愁《きょうしゅう》　三好達治《みよしたつじ》

①蝶《ちょう》のやうな（ような）私の郷愁！……。蝶はいくつか籬《まがき》を越《こ》え、午後の街角に海を見る……。私《わたし》は壁《かべ》に海を聴《き》く……。私は本を閉《と》じる。私は壁に凭《もた》れる。隣《とな》りの部屋で二時が打つ。「海、遠い海よ！　と私は紙にしたためる。——海よ、僕《ぼく》らの使う文字では、②お前の中に母がいる。そして母よ、仏蘭西人《ふらんすじん》の言葉では、あなたの中に海がある」。

(1) 問題文中の詩の形式上の分類としてあてはまるものを次から選び、記号で答えなさい。（10点）〔　　〕

ア 叙事詩《じょじし》　**イ** 定型詩　**ウ** 叙景詩　**エ** 散文詩

(2) ——線①「蝶のやうな」に用いられている詩の技法を次から選び、記号で答えなさい。（10点）〔　　〕

ア 直喩《ちょくゆ》　**イ** 暗喩　**ウ** 擬人法《ぎじんほう》　**エ** 倒置法《とうちほう》

(3) ——線②「お前の中に母がいる」と見立てていますが、これは具体的にはどんなことを表していますか。それがはっきりわかる文字を、詩の中から漢字一字でぬき出しなさい。（10点）□

〔日本大中—改〕

15 説明文を読む

学習のねらい
説明文は文章の筋《すじ》が明快なので、「キーワード」をおさえ、正確に読むことが大切です。段落《だんらく》ごとの構成と接続語を手がかりに、はやく読めるように練習しましょう。

月　日

答え➡別さつ15ページ

STEP 1 ステップ1

1 [文章の筋をつかむ] 次の文章を読んで、あとの問いに答えなさい。

　木の生命のいとなみを、自分のからだで感じるのは、木の幹に耳をあてて①木のなかを流れる水の音を聴《き》くときです。

　いろんなところで、いろんな木の吸《す》い上げる水の音を聴きました。はじめて聴いたのは北アルプスのふもとの森の中でのことでした。山々の残雪が雪形《ゆきがた》をつくっている早春のある朝、一本のブナの木にもたれて、aゆるやかな春風に吹《ふ》かれていたのですが、しばらくすると木の幹にあてていたぼくの耳に、bかすかな音が伝わってきました。心を静かに澄《す》ませ、耳に意識を集めていると、ザザッザザッという水の音が聞こえだしたのです。木のなかの水の音でした。ああ、木のいのちの音だな、と、その音がかすかになるまでずいぶん長く耳をあてておりました。

　いつかこの話を講演でしたところ、木の専門家という人から手紙でお叱《しか》りを受けたことがあります。木のなかの水音が聞こえるなどと、cありえない話をして人をまどわしてはいけない、という叱責《しっせき》のお手紙でした。

　[A]、ぼくの耳はdはっきりと聞いています。そのときだけではありません。たいていは早春から新緑にかけての季節、たぶん木の生命活動が活発な時期なのでしょう。ほどよい若木《わかぎ》に耳をあて心を静めて待っていると、いつでもではありませんが水の流れる音が聞こえてきます。ザザッザザッというときもあれば、ゴボゴボゴボッというときもあります。徳利《とっくり》から酒を注ぐときのように、トック、トクトク、トクトクといった水音もありました。
　赤城山《あかぎやま》の山上湖《さんじょうこ》の岸辺で、残雪のなかに立っているミズナラの若木でも聴きました。八ヶ岳《やつがたけ》のふもとの森のミズキでも聴きました。あちこちの森で、合わせて二〇回近くは聴いています。ただ、あるとき北信濃《きたしなの》の森で、森林ガイドの人から聴診器《ちょうしんき》を渡《わた》されて木の幹にあてて聞いたときは、すぐに何か音が聞こえてきましたが、その音はぼくには水の流れとは思えない雑多な音でした。大阪《おおさか》で開かれた花の万国博覧会《ばんこくはくらんかい》のときに、シンポジウムの席で聞かせてもらった木の内部音も、それは何か高度な技術で電子音化したものでしたが、ぼくの耳で聴いていたのとは別の音でした。
　[B]というのは、じつに繊細《せんさい》なものです。いつか朝日連《れん》峰《ぼう*》の渓流《けいりゅう》ぞいの石ころだらけの川原で、ほどよい石を枕《まくら》にして寝《ね》ころんでいたことがあります。対岸の崖《がけ》の木々が新緑の

葉を風に揺《ゆ》らせ、上空をクマタカがゆっくり旋回《せんかい》していました。耳もとでパタパタ音がしたので顔を横に向けてみると、大きなミヤマカラスアゲハがぼくの枕石にとまっていました。

　気持ちよくなって目を閉《と》じていると、渓流の音が多彩《たさい》な音《ね》色《いろ》と旋律《せんりつ》とでまるで精妙《せいみょう》な音楽のように聞こえはじめました。目を開けると、ただの水音ですが、目を閉じると流れのこまやかな旋律が聞こえてきます。その流れに乗って遠くから、アカショウビンの澄んだ鳴き声も聞こえてきます。ぼくたち*2晴眼者《せいがんしゃ》はふだん視覚《しかく》にばかりたよっていて、聴覚をおろそかにしているようです。

（高田《たかだ》　宏《ひろし》「木のことば　森のことば」）

*1　渓流……谷を流れる川。
*2　晴眼者……正常に物を見ることができる人のこと。

---

(1) ——線①「木のなかを流れる水の音」について次の問いに答えなさい。

① 「木のなかを流れる水の音」を別の表現で言いかえた部分を文中から七字でぬき出しなさい。

② 筆者は「木のなかを流れる水の音」が聞こえる理由をどのように考えていますか。文中の言葉を使って十五字以内で答えなさい。

(2) [A] にあてはまる言葉を次から選び、記号で答えなさい。

ア それで　イ つまり　ウ けれども　エ さて　〔　〕

(3) 〰線a～dのうち、他と性質の異《こと》なるものを選び、記号で答えなさい。選んだ理由も書きなさい。

〔　〕〔　〕

(4) [B] にあてはまる言葉を、文中から漢字二字でぬき出しなさい。

〔埼玉平成中〕

ステップ2

月　日
答え⬇別さつ15ページ

時間 30分　合格 80点　得点　　点

1 次の文章を読んで、あとの問いに答えなさい。

地球がなぜ丸いのかを考えたことがありますか。おにぎりの形でもサイコロの形でもなくて、地球が丸くなったのには理由があります。

ワラの束でも、つまようじでも、何百本か束ねてヒモで強くしばると、どうなるでしょう。束ねた㋐断面は四角にはならなくて丸くなりますね。地球が丸くなったのも、これと同じ理由です。つまり地球の引力のために、地球は丸いのです。

大雨が降《ふ》ると崖《がけ》が崩《くず》れます。梅雨《つゆ》の末期や台風のときの大雨は大被害《だいひがい》を生むこともあります。一方、川や海が岸を削《けず》っていきます。また、風が吹《ふ》けば山の上からは石が転がり落ちます。なんの関係もない現象に見えますが、じつは私《わたし》たち地球科学者から見ると、①こういった現象はすべて、地球を丸くしていくことなのです。つまり、ほうっておけば引力のために地球は「丸くなりたい」性質をもっているのです。

②もっとも地球よりずっと小さな星では引力が小さすぎて、まん丸になれない星もあります。たとえば火星の衛星、つまり火星にとっての月の一つであるフォボスは、［A］できの悪いジャガイモのような凸凹《でこぼこ》の形をしています。これはいちばん長い*さしわたしでも一四キロメートルしかない星ですから、③丸くなるための力が足りなかったのです。地球の直径は約一万三〇〇〇キロもありますから、一〇〇〇分の一の小さい星です。

では引力の大きさはどのくらいちがうのでしょう。野球でどんな大ホームランをかっとばしても、ボールはかならず地表にかえってきます。宇宙空間に飛び出してしまうことは［B］ありません。これは地球の引力のせいです。

でももしフォボスの上だと、時速四〇キロという速さで空に投げたボールは、④もうフォボスには帰ってこないで宇宙に飛び出してしまうのです。つまり、プロ野球の投手でなくても、みなさんの投げた遅《おそ》い球でも、もう帰ってこないのです。一方、地球では毎秒一一キロ以上という途方《とほう》もない速さで打ち出さないと、地球の引力に打ち勝てません。これが地球から打ち上げるロケットやスペースシャトルの速さなのです。

一方で、地球には⑤「丸くなりたくない」という別の性質ももっているのです。つまり山を高くしていったり、海を深くしていったりする別の力もかかっています。これは地球が中心まで冷えて固まってしまった星ではなくて、地球が誕生《たんじょう》して以来、なかで岩やマグマが動いて、その姿《すがた》をしだいに変えていっているためにはたらいている力です。つまり地球は「丸くなりたい」運動と「丸くなりたくない」運動が⑥せめぎあっている舞台《ぶたい》なのです。

いままでの地球の歴史で、地球は二度と同じ姿になったことはありません。地球はもちろん生物ではありませんが、時々刻々《じじこくこく》自分でその姿を変えていくという意味では生きて動いているといってもいいのです。

（島村英紀《しまむらひでき》「地球がわかる50話」）

＊さしわたし……直径

(1) ――線㋐「断面」の読み方を答えなさい。（10点）〔　　〕

(2) [A]・[B]にあてはまる言葉の組み合わせとして正しいものを、次から選び、記号で答えなさい。（10点）〔　　〕

ア Aまるで　Bけっして

イ Aまるで　Bところで

ウ Aけっして　Bところで

エ Aけっして　Bだから

(3) ――線①「こういった現象」の内容を示している部分を探し、はじめとおわりの五字をぬき出しなさい。句読点も字数にふくめます。（15点）

□□□□□ ～ □□□□□

(4) ――線②「もっとも」の文中での意味を、次から選び、記号で答えなさい。（10点）〔　　〕

ア はるかに　**イ** そのため　**ウ** ただし　**エ** あたかも

(5) ――線③「丸くなるための力」を言いかえている言葉を、文中からぬき出しなさい。（15点）〔　　〕

(6) ――線④「もうフォボスには帰ってこないで宇宙に飛び出してしまうのです」とありますが、なぜですか。文中の言葉を使って説明しなさい。（20点）〔　　〕

(7) ――線⑤「丸くなりたくない」運動の例としてあてはまるものを、次から選び、記号で答えなさい。（10点）〔　　〕

ア 川や海が岸を削っていくこと

イ 風が吹いて山から石が転がること

ウ 打ったボールが地表に返ってくること

エ 岩やマグマが動いて形を変えること

(8) ――線⑥「せめぎあって」の意味を、次から選び、記号で答えなさい。（10点）〔　　〕

ア 二つのものを分けあって

イ たがいに対立して争って

ウ たがいに良い所を消しあって

エ 二つの力がたがいに合わさって

〔日本大豊山中〕

16 論説文《ろんせつぶん》を読む

学習のねらい

「〜である」のように事実や考え方を述べているのが論説文ですので、要旨《ようし》をしっかりつかむことです。そのため、題名に注意します。また、形式段落・意味段落《だんらく》のまとめ方も練習しましょう。

月　日

答え⬇別さつ16ページ

STEP 1 ステップ1

1 [内容をつかむ] 次の文章を読んで、あとの問いに答えなさい。

要するに、西田《にしだ》にとって東山《ひがしやま》のその道が「哲学《てつがく》の道」であったというのは、西田がそこを毎日散歩し、リラックスできる道であったからこそ、というわけです。東山のその道そのものに何か特別な仕掛《しか》けがあったわけではありません。

つまり、ひらめきやすい環境《かんきょう》というのは、外部からどういった*1インスピレーションが与《あた》えられるかではなく、いかに自分の脳《のう》がリラックスできるかということが大事なのです。毎日自分が通っている道が、すべての人にとって「哲学の道」となるわけです。

なーんだ、と思うかもしれませんが、「ひらめき」のためには特別な環境や、才能は必要なく、ただリラックスすることが必要である、という事実に目覚めるために、「哲学の道は特別な道ではない」というこの話は、とても大切なメッセージを含《ふく》んでいると思うのです。

「哲学の道」のエピソードは、ひらめきについて重要なことを教えてくれます。ひらめきを外の環境から促進《そくしん》させることはできないということです。むしろそういった外部からの情報は、ひらめきにとってじゃまになってしまう。いかにリラックスした状態を作り出すか、脳に空白をつくるか、このことこそが重要なのです。

①よく、この絵をaみると、あるいはこの音楽をb聴《き》くと、インスピレーションがc湧《わ》いてくるとd言う方がeいますが、これもそうすることでリラックスができるから、脳に空白をつくることができるから大事なのです。その絵や音楽の「情報」自体に、ひらめきを促《うなが》す特別な性質があるわけではないのです。モーツァルトの音楽でも、②それを聞いてさえいればひらめくというものではないでしょう。むしろ、モーツァルトの音楽がもたらす「うるわしいリラックスという空白」がひらめきを促すものと思われます。

自分がふだん歩く道というのは、おもしろいものがない場合が多い。しかしその方が、オンラインで処理《しょり》する情報が少なく、よりリラックスできる。何も、特別な刺激《しげき》的な風景が広がっている必要はないのです。どんなに刺激的な繁華街《はんかがい》といえども、車がビュンビュン走っているところや、人が多くてガヤガヤそうぞうしいところでリラックスできる人はあまりいないでしょう。

リラックスできる環境は、表現を変えると退屈《たいくつ》な時間、退屈な場所でもあります。しかしどうやら脳は退屈がきらいではないようなのです。むしろ「退屈という空白」を補《おぎな》おうと、何かを［　］的に作りだそうとします。だからこそ、ひらめく。
そう考えると、退屈というのもひらめきにとってとても重要な要素なのです。退屈だからこそ、何かを作りだそうと脳が活動する。退屈はひらめきの近道なのかもしれません。
一般《いっぱん》に*2ネガティヴだと思われている感情も、それなりの意義があるから進化の過程で消えることなく存在《そんざい》し続けているわけですが、「退屈」にもまた、ひらめきを促すという効用があるのです。

（茂木《もぎ》健一郎《けんいちろう》「ひらめき脳」）

*1　インスピレーション……突然《とつぜん》思いつく考えや判断。

*2　ネガティヴ……否定《ひてい》的なこと。消極的なこと。

〔参考〕「哲学の道」のエピソード＝哲学者・西田幾多郎《きたろう》の散歩コース。そこで彼《かれ》はリラックスしてインスピレーションを得ていた。

(1) ——線①「よく」がかかるのは——線a～eのどの部分ですか。記号で答えなさい。〔　　〕

(2) ——線②「それを聞いてさえいればひらめくというものではないでしょう」と同じ意味のものを次から選び、記号で答えなさい。〔　　〕

ア それを聞いていてもひらめきを得ることはできないでしょう。

イ それを聞くだけでひらめきが得られるわけではないでしょう。

ウ それを聞くまでもなくひらめきは得られることになるでしょう。

エ それを聞いてもひらめきを得ようとすることになるでしょう。

(3) ［　］にあてはまる言葉を次から選び、記号で答えなさい。〔　　〕

ア 機能　**イ** 感情　**ウ** 自発　**エ** 刺激

(4) 本文の内容と合っているものを次から選び、記号で答えなさい。〔　　〕

ア 脳は外界からほどよい刺激を受けたときにひらめくものである。

イ 退屈な場所で退屈な時間を過ごすことで脳の働きはにぶくなる。

ウ 音楽などの芸術は、脳に働きかけてひらめきを促す働きがある。

エ 退屈な時間もひらめきを促すという点では有意義なものである。

〔名古屋女子大中―改〕

ステップ2

月　日

時間 30分　合格 80点

得点　　点

答え⬇別さつ16ページ

1 次の文章は、世界で多くの人が好奇心《こうきしん》と意欲《いよく》をもって日本語を学ぶという「日本語新時代」をむかえた今、日本語が「より開かれた日本語」になっていくために私《わたし》たち日本人がどうしたらよいか、日本語がどうあるべきかを述べたものです。よく読んで、あとの問いに答えなさい。

まず第一に必要な「自由化」は「完全主義からの自由」である。いうまでもなく、コミュニケーションにとっていちばんだいじなのは、相手を理解しようとする努力である。相手のはなしことばがふじゅうぶんであることを責めていたのでは、コミュニケーションは成立しない。とりわけ、母国語以外の言語を話すときに、その言語を完全にあやつることなど、常識的にかんがえてみても、だれにもできるはずはない。じじつ、ひとつの言語がおおくのひとびとによって使用される条件、あるいは①ひとつの言語が「世界語」になりうる条件は、その言語がどれだけ柔軟性《じゅうなん》をもっているか、そして不完全な部分を許容し、補完《ほかん》することができるか、にかかっているのである。

じっさい「英語」がこれだけ世界的に普及《ふきゅう》したのも、この言語が一つの民族の「 A 語」としての閉鎖《へいさ》性をいつのまにか開放して、かなりあやしげな「英語」をも許容し、意味がつうじればよい、という実用主義に徹《てつ》したからなのではないか。国際会議などでさまざまな国籍《こくせき》のひとびとがつかっている「英語」がいかに多様で奇怪《きかい》なものであるかをおもいだすだけでもそのことはあきらかだ。

②そんなことをかんがえながら、たまたま在日《ざいにち》外国人のために発行されている日本語の雑誌《ざっし》をよんでいたら、「日本語の失敗」という特集があって、こんな事例が紹介《しょうかい》されていた。その外国人は「わたしは母親にいつもおそわっています」というべきところを「わたしは母親にいつもおそわれています」といいまちがえて、聴衆《ちょうしゅう》から笑われた、というのである。たしかに、「おそわる」と「おそわれる」とのあいだにはおおきな意味のちがいがある。ものごとはまちがわないにこしたことはない。しかし、はなしをきいていれば、その言語的文脈と社会的文脈から、かれがほんとうは「おそわる」といいたかったにちがいない、ということはだれにでも推測《すいそく》できるはずである。このばあい、コミュニケーション上の問題をうんだのは、話し手であるこの外国人の責任というよりは、文脈上簡単に推測できることばに、厳密《げんみつ》な正確さをもとめた日本人のがわにあるのではないか、とわたしはおもった。このような少しのまちがいを問題にして、相手を笑うというのでは「日本語」が「 B 性」をもつ言語になることはかなりむずかしいのではないのだろうか。

（加藤秀俊《かとうひでとし》「日本語の開国」）

(1) A・B に入る言葉を次から選び、記号で答えなさい。(20点/一つ10点)

ア 日常　イ 共通　ウ 世界　エ 専用《せんよう》　オ 標準

A〔　　〕B〔　　〕

(2) ――線①「ひとつの言語が『世界語』になりうる条件」にあたらないものを次から選び、記号で答えなさい。(25点)

ア 自由化　イ 柔軟性　ウ 強制する

エ ゆるす　オ 補完する

〔　　〕

(3) ――線②「そんなこと」の指示内容を次から選び、記号で答えなさい。(25点)

〔　　〕

ア 日本語に必要な「自由化」は「完全主義からの自由」であるということ。

イ 相手のはなしことばがふじゅうぶんであることを責めていたのでは、コミュニケーションは成立しないということ。

ウ 母国語以外の言語を話すときに、その言語を完全にあやつることなど、常識的にかんがえてみても、だれにもできるはずがないということ。

エ 「英語」が世界的に普及したのは、あやしげな「英語」をも許容し、意味がつうじればよい、という実用主義に徹したからであろうということ。

(4) 『日本語』がなんらかのかたちでのびやかに世界にひろがってゆくためには、どのようなことが必要であると筆者は考えていますか。次から選び、記号で答えなさい。(30点)

〔　　〕

ア 将来、日本語教育にたずさわる先生になろうとしている外国人には「完全な日本語」の姿《すがた》をしっかりと理解させること。

イ かなりひどい状態になっている新聞雑誌の文章や放送用語を改めて、モデル的な「日本語」を作り上げてゆくこと。

ウ 外国人にばかり「完全な日本語」を強制するのでなく、日本人自身がいいかげんな使い方をしないようにしてゆくこと。

エ 神経症《しんけいしょう》的ともいえるほど敏感《びんかん》に「完全さ」をもとめることをやめ、むしろ「不完全」であることのよさを認《みと》めてゆくこと。

オ 少し不完全な「日本語」でも実用にたえるという安心感をあたえ、日本語を学ぼうとする人々の意欲をささえてゆくこと。

〔目黒星美学園中―改〕

STEP 3

15～16

ステップ3 ①

月　日

時間 30分　合格 80点

答え⬇別さつ16ページ

得点　　点

1 次の文章を読んで、あとの問いに答えなさい。

目で活字を追いながらも、①筆者の声が聞こえてくる感じがつかめることが、本を読めばいつでもというわけにはいきませんが、確かにあります。

そのことを本当に実感したことがあります。

わたしはゲオルク・ジンメルという約百年前ドイツで活躍《かつやく》した社会学者の研究を㋐センモンにしていて、数年前に『ジンメル・つながりの哲学《てつがく》』（ＮＨＫブックス）という本を書きました。その作業中、まさに百年前にドイツで生きたジンメルという人間と、「どうなの？　これどうなの？」という会話をしている実感があったのです。たしかにそこまでのめり込《こ》むにはそうとうな集中力を要します。でも、真剣《しんけん》にある程度耳を傾《かたむ》けようとすれば、〈いま・ここ〉にはいない筆者と、いつのまにか直接対話しているような感覚を味わえることもあるのです。

みなさんでしたら、大好きな小説家、詩人、歴史上の人物でもいいでしょう。本の世界に没頭《ぼっとう》していくと、文字を通して、書き手や登場人物の㋑ニクセイがなんとなく聞こえてくるような感覚、②コミュニケーションがだんだん双方向《そうほうこう》になっていく感覚が生じてくることがあるのです。

③もちろん本を読めばいつでも、というわけにはいきません。でも、私が『つながりの哲学』を書いていたときは、「ジンメルだったら今の日本をどういうふうに見るんだろうな」というようなことを、ずっと考えながら執筆《しっぴつ》していたので、なんとなく彼《かれ》がいつのまにか今の時代にタイムスリップしてきて、今の日本を見ながら私に語りかけてくれているような気分になっていました。

コミュニケーションの本質って、じつはこういうところにあるんじゃないかと思います。

具体的な人との関係でも、*1漫然《まんぜん》と言葉を交《か》わしているだけではだめなのです。

ちょっと心地《ここち》よくなると、すぐその場を放棄《ほうき》できてしまう言葉がいくつも準備されていて、自分の感覚的なノリとかリズムとか、そういうものの心地《ここち》よさだけで親しさを確認《かくにん》していると、やはり関係は本当の意味で深まっていきません。④料理でいうと「苦み」のない、ただ甘《あま》いだけの料理を求めてしまう感じですね。

ノリとリズムだけの親しさには、深みも味わいもありません。そればかりか、友だちは多いのに寂《さび》しいとか、いつ㋒ウラギられるかわからないとか、ノリがちょっと合わなくなってきたらもうダメだとか、そういう*2希薄《きはく》で不安定な関係しか㋓構築できなくなるのではないかと思います。

読書のよさは、一つには今ここにいない人と対話をして、情緒《じょうちょ》の深度を深めていけること。しかも二つ目として、くり返し読み直したりすることによって自分が納得《なっとく》するまで時間をかけ理解を深めることができること（実際の会話では「えっ、今なんて言ったの。もう一度言ってみて」、なんて何度も聞きなおすことはできませんものね）。あと三つ目としては、多くの本を読むということは、いろんな人が語ってくれるわけですから、小説にしても評論《ひょうろん》にしても、「あ、こんな考え方がある」「ナルホド、そういう感じ方があるのか」という発見を自分の中に取り込《こ》めるということ。実際のつき合いではそんなにいろいろなキャラクターの人とコミュニケーションすると「人疲《づか》れ」することがありますよね。でも本を読む上では作者でも登場人物でも、いろいろな性格の人と比較的《ひかくてき》楽に対話することができます。その結果、少しずつ自分の感じ方や考え方を作り変えていくことができるわけです。そういう体験を少しずつ積み重ねることは、多少シンド*3イ面もありますが、慣れてくると、じつはとても楽しい作業になるのです。

（菅野《かんの》 仁《ひとし》「友だち幻想《げんそう》 人と人の〈つながり〉を考える」）

*1 漫然……はっきりした目的や意識もなく、ただなんとなく物事を行うさま。
*2 希薄……ある要素がとぼしいこと。密度《みつど》がうすいこと。
*3 シンドイ……つらい。苦しい。

(1) ——線㋐㋑㋒を漢字に書き直しなさい。（15点／一つ5点）

㋐〔　　〕 ㋑〔　　〕 ㋒〔　　〕

(2) ——線㋓の熟語《じゅくご》の組み立ての説明として正しいものを次から選び、記号で答えなさい。（15点） 〔　　〕

ア 意味の似た漢字を重ねたもの
イ 反対または対《つい》になる意味の漢字を重ねたもの
ウ 上の漢字が下の漢字を修飾《しゅうしょく》するもの
エ 下の漢字から上に返って読むもの

(3) ——線①「筆者の声が聞こえてくる感じがつかめることが、本を読めばいつでもというわけにはいきませんが、確かにあります」、——線③「もちろん本を読めばいつでも、というわけにはいきません」とありますが、なぜいつでもというわけにはいかないのですか。文中の言葉を使って十五字以内で答えなさい。句読点も字数にふくめます。（20点）

(4) ——線②「コミュニケーションがだんだん双方向になっていく」とありますが、筆者はこのことを文中では何と表現していますか。二字の熟語をぬき出しなさい。（25点）

(5) ——線④「料理でいうと『苦み』のない、ただ甘いだけの料理」とありますが、これは何のたとえですか。文中から十字以内でぬき出しなさい。（25点）

〔立教女学院中—改〕

月　日
時間 30分　合格 80点　得点　点

答え➡別さつ16ページ

1 次の文章を読んで、あとの問いに答えなさい。

コミュニケーションと言うと、情報をとること、交換《こうかん》することがコミュニケーションであるように考えられやすいけれども、情報とコミュニケーションというのは比例するものではなくて、ほんとうは①反比例する性質をもっています。

情報はふえればふえるほど、逆にコミュニケーションはすくなくなってゆく。あるいは、浅く、小さくなってゆく。「知らなきゃ話になンない」という言い方があるように、知るものと知らないものを、情報は分けてしまう。おたがいのあいだに、知っていなければお話にならない*ディスコミュニケーションの状況《じょうきょう》を、情報は現出させるのです。

コミュニケーションは［　　］によって代替《だいたい》できないことを、もっとも対照的に示すものは、②読書のコミュニケーションのあり方です。

読書というのは、どういうコミュニケーションなのか。読書のコミュニケーションというのは、言葉のコミュニケーションですが、言葉のコミュニケーションというのは、答えの決まっているもの、こういう問題があって、それに対してこういう答えがあるというような、模範《もはん》回答があるというコミュニケーションとは違《ちが》います。

その反対に、それは答えの決まっていない、あるいは答えというもののない、答えはないけれども、問いがあり、問いはさらなる問いを問い、問いを求めて答えを求めない、ある意味で落着を求めないコミュニケーションというのが、言葉のコミュニケーションというものだろうというふうに思えます。

読書について言えば、ですから、答えを求めて読むのではなく、ひたすら読む。じっくり読む。ゆっくり読む。耳を澄《す》ますように、心を澄《す》まして、言葉を読んでゆくほかに、読書のコミュニケーションはないというふうに、わたしは思いさだめています。

そこに伝えられないものがある。言い表せないものがある。はっきりと感じられているけれども、どうしても言葉にならないもの、言葉にできないままになってしまうものがある。何かとしか言えないような何かがある。

言葉から、あるいは言葉によって、そうした沈黙《ちんもく》、そうした無言、そうした空白というものをみずからすすんで受けとることのできるような機会をつくるような、そういったコミュニケーションのあり方を大事にしてゆくことを考えたいと思うのです。

そうした沈黙、そうした無言、そうした空白が体《たい》しているものが、それぞれに心のなかにもっている問題なのであり、なくしてはならない記憶《きおく》の確かな目安だからです。

言いたいことを言えば、たがいにわかりあえるだろうというのでなく、何をどう言ってもうまく語れない、言葉がとどかない、たがいにわかりあえないというところからはじめて、自分の心のなかにある問題を、あくまで切り捨《す》てない。言葉を馴《な》れ馴れしくつかうことが、言葉に親しむということなのではありません。

読書というコミュニケーションは、ちょうどテニスのようにおたがいがむきあって言葉を打ち込《こ》むことではなくて、スポーツで言えば、テニスに似ながらテニスとはまったく異《こと》なる、スカッシュという競技があります。

たがいにおなじ方向をむいて、壁《かべ》にボールを打ち込む競技。壁にむかって、全力で自分の打った球が、相手のところにもどってくる。次の瞬間《しゅんかん》、今度は相手が壁に打ち込んだ球が、自分のほうへもどってくる。その、③スカッシュの壁というのが、おそらくわたしたちのもつ言葉というもの、そしてわたしたちにとっての本というものだろうと思うのです。

忘《わす》れたくないこと、確かめておきたいことは、一つです。記憶《きおく》する生き物としての人間をつくるのは、あるいはつくってきたのは、そう言ってよければ、読書する生き物としての人間だ、ということです。

（長田《おさだ》　弘《ひろし》「読書からはじまる」）

＊ディスコミュニケーション＝コミュニケーションがとれない状態。

---

(1) ――線①「反比例する性質」とは、ここではどのような性質ですか。(20点)

〔　　　　〕

(2) □に入る言葉を文中からぬき出しなさい。(20点)

〔　　　　〕

(3) ――線②「読書のコミュニケーション」とは、どのように読むことですか。三十字以内で答えなさい。(20点)

(4) ――線③「スカッシュの壁」の例が示す言葉のあり方を、あとの言葉に続く形で文中からぬき出しなさい。(20点)

〔　　　　〕という言葉のあり方。

(5) 筆者の考えを次から選び、記号で答えなさい。(20点)

ア 読書はコミュニケーション力を育てる基本である。
イ 読書をするには対話とは別の能力が必要である。
ウ 読書で問題は解決できないが、記憶力がつく。
エ 読書はコミュニケーションを代替するものである。

〔　　〕

17 記録文・報告文を読む

学習のねらい

記録文は事実を正確に、しかも順序正しく読むことが大切です。そのため記録文ではよく使われる数字や時刻《じこく》に注目します。報告文は「何についての報告か」を読み取ることが大切です。

月　日

答え➡別さつ17ページ

STEP 1 ステップ1

1 ［段落《だんらく》を読み取る］次の文章を読んで、あとの問いに答えなさい。（1～11はそれぞれの段落の番号を示しています。）

1 六年生の夏休みがきて、虫の研究を始めてから、もう五年になりました。そこで、今年もぼくは、八月十八日から十四日間、実験をすることにしました。

2 実験は、すべて夕方から朝までの時間に行いました。虫の採集場所は、ぼくの勉強室の前のベランダで、同じ条件の場所で四つの電球を使いました。

3 今年は、去年できなかった虫の活動時間の研究です。虫は夜、なん時ごろがいちばんよく飛びまわるのでしょうか。日没《にちぼつ》の六時半から三時間おきに、九時半、十二時半、夜明けに近い三時半に分けて調べました。

4 次に虫の集まりと電球の明るさ（ルクス）との関係について、全部ルクスのちがう10W・20W・40W・60Wとルクスをかえて白色電球を使用して、集まり方を研究しました。

5 次に虫とにおいとの関係。においによって虫がどう集まるかを知るために、無臭《むしゅう》の逆性石けん、においのあるクレゾール、ウイスキー、イチゴシロップなどを使用してみました。

6 次に虫と味との関係。味によって虫の集まりがどうなるかを知るために、あまいハチみつ、からい酒、しょっぱいしょう油、みそなどを使用しました。

7 虫の活動時間は、三時間ごとに調べたのですが、集まる時間はまちまちでした。したがって、虫は朝方まで、一晩《ひとばん》じゅう飛びまわっていることがわかりました。

8 虫の集まりと電球の明るさとの関係は、60W・40W・20W・10Wの順に集まり、明るい電球には多くの虫が、そして種類も多く集まることがはっきりわかりました。

9 次に、においと味との関係は、ほとんどないような結果が出ましたが、これは虫の種類も少ないためで、いなかに行って実験したら、もっと多くの虫もおり、何かが出てくるように思われます。

10 来年は、これらの研究の続きと、父の大学の先生が、夏にはだかでしゃみせんの練習をしていると、いつも音の出る右側の方の腹《はら》だけ「か」にさされるという、おもしろい話を父から聞いたので、音と虫の集まりについて研究するつもりです。

11 中学生になったら、勉強も、クラブ活動も、遊びもいそがしくなると思います。しかし、ぼくは力の続くかぎり、虫の研究をするつもりです。

(1) 1と2の段落には、実験に関する四つの事がらが書いてありますが、その事がらをまとめると、次のようになります。□の中に入る言葉を、漢字二字の熟語《じゅくご》で書きなさい。

① 実験のテーマと□。

② 虫の採集□。

③ 実験を行った□。

④ 実験に□したもの。

(2) 次のことについて答えなさい。

① 筆者が「虫の研究」のうちで、さらに新しい題目で研究したいと考えているのは、どんな研究ですか。

〔　　　〕

② それは、どんな動機（ものごとを始めようとする手がかり）からですか。文章中から動機を述べている部分を探《さが》し、はじめの五字をぬき出しなさい。

□□□□□

(3) ある段落は、筆者が感想だけを述べた文で成り立っています。その段落の番号を答えなさい。

〔　　　〕

(4) この文章を読んで、筆者の研究を続けていく態度のどんな点が、いちばん大切だと思いましたか。あなたの意見を述べなさい。

〔　　　〕

重要

(5) このような文章の書き方は、どんなものを書く書き方ですか。次から選び、答えなさい。

手紙文　報道文　読書感想文

学級日記　観察記録　生活文

〔　　　〕

(6) この文章を次のような構成図にまとめました。□に段落の番号を入れなさい。

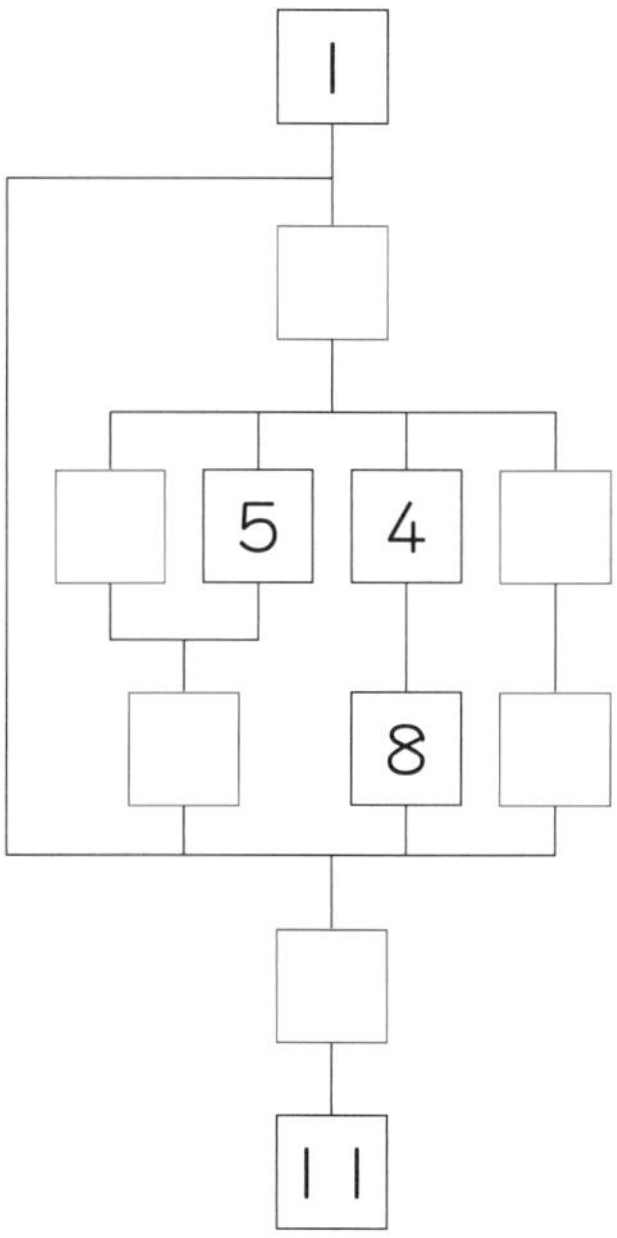

月　日
時間 20分
合格 80点
得点　点
答え➡別さつ17ページ

1 次の文章を読んで、あとの問いに答えなさい。

タンポポは、根からすいあげた水や養分、それから葉でつくられた糖分《とうぶん》を栄養にして成長し、花をさかせて種をみのらせます。タンポポだけではなく、そのほか、わたしたちの身のまわりにある植物のほとんどは、水分や養分のおおいこえた土地にはえていますから、あまり苦労しなくても生活できます。

［A］、広い地球には、めったに雨のふらない砂《さ》ばくがあります。［B］雨はふっても、養分のすくないやせ地があります。

そんなところにも植物は育っています。このようなすみにくいところで育つ植物は、どのようなしくみで生活しているのでしょう。

砂ばくに育つサボテンをしらべてみましょう。サボテンが芽ばえるときや、若《わか》い茎《くき》のときには葉がついていますが、やがておちてしまいます。これは葉の気孔《きこう》から、水分が外にでるのをふせぐためです。

茎は太っていて、切ってみると、中に水をたくわえた細胞《さいぼう》の集《あつ》まりがみえます。このようにして、葉をおとし、茎に水分をたくわえていれば、日照りつづきの砂ばくでも、なんとか生きていくことができるのです。

いっぽう、水分はあっても養分のすくないところで育つ植物はどうでしょう。土からの養分吸収《きゅうしゅう》はあてになりません。そこでまったく新しい方法、つまり、空をとぶ虫や、水中をおよぎまわるプランクトンを直接つかまえて食べる、ということを自然と身につけたのです。これが食虫植物です。

食虫植物は、葉をつくりかえて捕虫器《ほちゅうき》にしました。とらえた虫を分解する消化液まで用意しました。そんなこととは［C］しらず、虫たちは、うつくしい花や、おもしろい形の葉や、あまい蜜《みつ》にさそわれてちかづいてきます。そして、餌食《えじき》になってしまうのです。きびしい環境《かんきょう》での生活のくふうが、食虫植物をうんだといえます。

もし、食虫植物が虫をとれなかったら、かれてしまうでしょうか。かれません。食虫植物も、ほかの緑色の葉をもつ植物とおなじく、日光のたすけをかりて炭酸同化作用をして、葉で養分をつくりだしているからです。しかし、長いあいだ捕虫しなかったものを、捕虫したものとくらべると、大きさ、色、繁殖力《はんしょくりょく》がおとっています。捕虫は、食虫植物たちにとって栄養分のたいせつなおぎないなのです。

（清水《しみず》 清《きよし》「食虫植物のひみつ」）

(1) A ・ B に入る言葉を次から選び、記号で答えなさい。(10点/一つ5点)

ア そこで　イ また　ウ だから

エ ところが　オ つまり

A〔　　〕 B〔　　〕

(2) ――線部「そんなところにも植物は育っています」とありますが、次の場所で育つ植物として、何があげられていますか。(15点/一つ5点)

㋐ 水分や養分のおおいこえた土地 〔　　〕

㋑ めったに雨のふらない砂ばく 〔　　〕

㋒ 雨はふっても、養分のすくないやせ地 〔　　〕

(3) ふつう、植物は、水分や養分をどの部分から吸収していますか。(10点) 〔　　〕

(4) サボテンは生きるためにどのようなくふうをしていますか。文中の言葉を使って答えなさい。(15点)

〔　　　　〕

(5) 食虫植物は生きるためにどのようなくふうをしていますか。三十字以内で答えなさい。(20点)

(6) C に入る言葉を、ひらがな二字で答えなさい。(10点)

(7) 本文の内容と合っていないものを二つ選び、記号で答えなさい。(20点/一つ10点) 〔　　〕〔　　〕

ア タンポポは、吸収した水分や養分を利用するだけでなく、葉で糖分をつくって栄養にして、花をさかせ、種をみのらせる。

イ わたしたちの身のまわりにある植物のほとんどは、水分か養分のどちらかが豊富であれば、いろいろなくふうをして問題なく成長する。

ウ 土から吸い上げられた水分は植物の葉にある気孔から蒸発するため、葉がおいしげる夏には、たいていの植物はたくさんの水分を必要とする。

エ 植物は、養分を葉でつくることができるし、ほかの生き物をとることでおぎなうことが可能である。

オ 食虫植物は多少養分が足りなくても生きていけるが、長いあいだ不足したままだと大きさ、色、繁殖力に問題が出てくる。

18 日記・手紙を読む

月　日

答え➡別さつ17ページ

学習のねらい

日記には自分のためのものと、公共のためのものがあります。今ブログがひろがり社会性をもち、その中の日記も重要な位置をしめています。何について書いてあるかを素早く読むことです。

STEP 1 ステップ1

1 [細部をとらえる] 次の日記を読んで、あとの問いに答えなさい。

> 夜はもうまったく暗い。明るくなってしばらくするうちに、ま南に太陽が見えた。いちめんの雲で、水平線のすぐ上に、細い帯となってわずかに青空がのぞいていた。だから、見えるのは円盤《えんばん》の上半分だけであった。巨大な真っ赤な太陽――これを背景《はいけい》に遠い氷の丘《おか》のぎざぎざがくっきりと浮《う》きあがっている。Ⓐ太陽は水平線を早足で転がっていって、みるみる遠い海にすがたを消した。おそらくこれが今年見る最後の太陽であろう。

(1) この日記は、どこで書いたものだと思いますか。次から選び、記号で答えなさい。〔　　〕

ア アルプス山頂《さんちょう》

イ 南極

ウ 北極

(2) 「細い帯」とは左のどれをたとえたものですか。記号で答えなさい。〔　　〕

ア いちめんの雲

イ 青空

ウ 水平線

(3) 「見える」のは、何が見えるのですか。〔　　〕

(4) ――線Ⓐは、どういうことを言っているのですか。

〔　　　　〕

2 [推敲《すいこう》する] 次の手紙を読んで、あとの問いに答えなさい。

> ①めっきり春らしくなり、ここ二、三日は、小鳥のさえずりも聞こえてまいります。②その後、花子さまにはお元気で、ご通学のことと思います。③さて、わたくしのほうも、そろそろ入学試験が近づいてまいりました。④しかし、心配なことにはなにしろ国語が不得手なので、とても不安でなりません。⑤あなたのご経験からひとつ教えてください。

⑥なお、祖母はその後すこしずつ回復し、天気のよい時は、五分ほどつづけて散歩できるようになられました。⑦どうかおじさまにご安心くださるようお話しください。⑧では、お体を大切にお過ごしください。

（①～⑧は文番号を示す）

(1) 文中に次の文を書き入れるとすれば、どこがよいですか。前後の文の番号を書きなさい。

どんなふうに勉強したらよいのでしょうか。

〔　　〕

(2) 「わたくし」と「花子」さんはどのような関係ですか。そのことがわかる理由も書きなさい。

〔　　〕

理由〔　　〕

(3) この手紙は、伝えたいことが二つあります。かんたんにまとめて書きなさい。

〔　　〕

〔　　〕

(4) 文中に一か所だけ、敬語《けいご》の使い方が誤っているところがあります。その言葉をぬき出して、正しく書き改めなさい。

〔　　〕→〔　　〕

重要

(5) 文中にかなづかいのまちがいが、一か所あります。その言葉をぬき出して、正しく書き改めなさい。

〔　　〕→〔　　〕

(6) 文中に同じ意味の言葉が重ねて使われているために、くどい感じを受けるところがあります。けずったらよいと思う言葉を、ぬき出しなさい。

〔　　〕

(7) ⑦文中の――線の部分は、手紙文としては、もっとよい表現があります。どう言いかえたらよい表現になるでしょうか。その言葉を書きなさい。

〔　　〕

重要

(8) ①文中のめっきりの使い方として、正しいものを次から選び、記号で答えなさい。

〔　　〕

ア 人との約束はめっきり守るものだ。

イ 九月に入ると、めっきりすずしくなった。

ウ 雲がはれると、富士山がめっきり姿《すがた》を現した。

エ 小川の水がめっきり流れている。

〔香川大附属坂出中〕

ステップ2

1 次の文章を読んで、あとの問いに答えなさい。

ぼくの手もとに今残っている日記の中で、一番古いものは中学三年生の折につけたものである。もともとあまり日記を書く方ではないのだが、それでも小学生の終《お》わり近くや中学にはいった頃《ころ》は気が向けばなにかそれらしいものは書いていたはずなのに、いつの間にか皆《みな》どこかになくなってしまった。

ところで、その古い日記には、一九四七年の七月十四日から八月二十五日にいたる記録が一日一ページずつ小さな字でぎっしりと書きこまれている。

「いよいよ今日から、正式の夏休みだ」という書き出しの一行からもわかるように、これは夏休みの日録なのである。どんな決心のもとに日記をつけはじめようとしたのかは全く憶《おぼ》えていないのだけれど、それが自発的な衝動《しょうどう》にもとづくものであったことだけは間違《まちが》いがない。表紙の左上に赤鉛筆《えんぴつ》で、「秘《ひ》」と書いた字をマルで囲っていることからもそれは明らかだ。

①とはいっても、内容はたわいないことばかりである。友達をさそって多摩川《たまがわ》に釣《つり》に行き、見まわりの若い男に「カンサツをもっているか」とたずねられ、なかったために一人二円ずつ取られて「入漁証」というカードを渡《わた》されたこと。②トマトを食べたとか食べないとかで兄貴と大喧嘩《おおげんか》したこと。役場に電球の申込書《もうしこみしょ》を出しに行き（戦後まだ二年しかたっていなかったあの当時は生活必需品《ひつじゅひん》も配給でなければ手にはいらなかった）、ハンを出そうとして勢《いきお》よく肘《ひじ》を引いた拍子《ひょうし》に隣《となり》にいたおばあさんの胸《むね》を思い切り打ってしまい、おばあさんが唸《うな》り声をあげたのでびっくりしたこと。近くの菓子《かし》屋で一杯《いっぱい》二円五十銭《ごじっせん》のかき氷をみつけて感激《かんげき》したこと。国語の先生の家へ遊びに行き、同じ番地の同姓《どうせい》の別の家に間違えてはいりこんで「うちにはセンセイなんかいないよ」と断られたこと。また、どんなつもりであったのか、「リーダーズ・ダイジェスト」からのこんな警句《けいく》が書き抜《ぬ》いてあったりする。「結婚《けっこん》前にはよく目を開けて、結婚したら半分閉《と》じて。――フランクリン」

そのうち、「気がつけば　半ばすぎけり　夏休み」という俳句《はいく》らしきものが現れると、後はにわかに宿題についての記述が多くなる。

それにしても、久しぶりに三十年ほども昔の日記をめくってみてまず気づくのは、食べ物についての関心が異常《いじょう》に強く、食糧《しょくりょう》のみならず衣類などの配給品をしばしば取りに行かされ、夜は停電に苦しめられているといった、③あの時代特有の暮《くら》しの雰囲気《ふんいき》である。

けれど一方、食糧難《しょくりょうなん》、物資不足で生活が苦しかったとはいえ、当時十五歳《さい》の少年であるぼくは意外に毎日を楽しんでもいる。今から振《ふ》り返れば、その不思議なアンバランスが面白《おもしろ》い。いや、日常生活というものは、どこでも決して苦しさ一色や楽しさばかりで成り立つものではない。むしろ、苦しさや辛《つら》さのすぐ横に小さな喜びが隠《かく》れていたり、楽しさの裏側《うらがわ》に不安がひそんでいたりするのがわが日常なるものなのだろう。

しかし同時に、その日記に充《み》ちている特別の空気は、なんといっても夏休みによって生み出されたものである。「夏」と「休み」の結合である「夏休み」とは、いわば④自由の自乗*のような気がしてならない。少年にとっての学校の休みが自由を意味するのはもちろんだが、冬でも春でも秋でもなく、とりわけ夏休みが貴重《きちょう》であるのは、ただそれが長いからというより、夏の季節の休暇《きゅうか》であるからだろう。

日記の中でも、よく多摩川に泳ぎに出かけている。知人をたよって千葉《ちば》の海へも何日か行った。自然の中で（温水プールなどではなく）のびのびと泳ぐことが出来るのは夏だけである。大人ほど暑さを苦にしない子供《こども》にとっては、なんといっても夏は活動のシーズンなのだ。

考えてみると、子供の頃の思い出は寒い季節のものより夏の体験の方が多いようである。夏には、子供は他の季節の幾《いく》倍か深く日々を生きるのかもしれない。当然そこには小さな悪事などもふんだんに振り撒《ま》かれていることだろう。他の季節に比べて生活全般《ぜんぱん》が活発になるのだとしたら、悪い意志や欲望《よくぼう》が育ちがちになるのも無理はなかろう。そしてそれらの数多い小危機《きき》を乗り越《こ》え、乗り越えたものを養分として子供達は成育していく。その意味では、夏休みは彼等《かれら》にとって⑤大切な試練の時でもあるといえよう。

古い日記は八月二十五日で終っている。これは、夏休みがそこで終了《しゅうりょう》したからではない。次のページには大きな字でこう書かれている。――「以下十五日間、九月十日迄《まで》、気管支炎《えん》をわずらう。」夏休みが病みやすい時であったこともまた思い出されてくる。

（黒井千次《くろいせんじ》『任意の一点』―一番古い日記）

＊自乗……２乗のこと。同じ数を二回かけあわせること。

---

(1) ――線①「とはいっても」とは、どういうことですか。次から選び記号で答えなさい。(20点)　〔　　〕

ア 夏休みの日録ではあっても
イ どんな決心から日記をつけはじめたのかは憶えていないとはいっても
ウ 自発的な衝動にもとづくとはいっても
エ 「秋」と書いた字をマルで囲っているとはいっても

(2) ――線②の一因ともなっている、この時代を語る文中の一語をぬき出しなさい。(20点)　〔　　〕

(3) ――線③「あの時代」とはいつのことですか。「時」につながるように、文中から十六字でぬき出しなさい。(20点)

□□□□□□□□□□□□□□□□時

(4) ――線④に「自由の自乗」とありますが、その〈値《あたい》〉としての一文を探《さが》し、はじめの五字をぬき出しなさい。(20点)

□□□□□

(5) ――線⑤「大切な試練の時」とありますが、筆者はどのように夏休みを振り返っていますか。次から選び、記号で答えなさい。(20点)　〔　　〕

ア 苦しい生活の中で、小さな喜びを必死に探していた時
イ 他の休みよりも長く、自然の中でのびのびとできた時
ウ 悪事や危機さえも、その成長の助けとなっていた時
エ 楽しんだ挙げ句の入院を物語る空白の日記がつらい時

〔青山学院中〕

月　日

時間 30分　合格 80点

得点　点

答え⬇別さつ18ページ

1 次の文章を読んで、あとの問いに答えなさい。

たった一日だけの日記があった。もちろんそれは創作《そうさく》のなかでのことである。太宰治《だざいおさむ》の短編「十二月八日」は作家を夫にもつ妻の日記。一九四一年（昭和一六年）一二月八日、太平洋戦争が始まったその日のことだけを記すもの。

　きょうの日記は特別に、ていねいに書いて置きましょう。昭和十六年の十二月八日には日本のまずしい家庭の主婦は、どんな一日を送ったか、ちょっと書いて置きましょう。もう百年ほど経《た》って日本が紀元*1二千七百年の美しいお祝いをしている頃《ころ》に、私の此《こ》の日記帳が、どこかの土蔵《どぞう》の隅《すみ》から発見せられて、百年前の大事な日に、わが日本の主婦が、こんな生活をしていたという事がわかったら、すこしは歴史の参考になるかも知れない。

　これは戦時中の昭和一七年に発表された。当時は自由にものを言うわけにはいかなかった。だが①妻がつけるという設定に、また文章に、時代への作者の思いが埋《う》めこまれているように思われる。さて彼女《かのじょ》は一日の終わりに、銭湯《せんとう》に行き、生まれて半年すぎたばかりの娘《むすめ》・園子《そのこ》のからだを見つめる。「足といい、手といい、その美しいこと、可愛《かわい》いこと」「どんな着物を着せようが、裸身《はだか》の可愛さには及《およ》ばない。お湯からあげて着物を着せる時には、とても惜《お》しい気がする。もっと裸身を抱《だ》いていたい」と記す。銭湯に行くときには明るかったが、帰るころにはあたりは暗かった、とある。開戦の日は、こうして日記のなかで暮《く》れた。

佐多稲子《さたいねこ》の初期の作品「一九六〇年三月」は一九三〇年（昭和五年）一月に発表された日記風の短編である。その冒頭《ぼうとう》。

　折江《おりえ》は汽車の中で読もうと思う本や雑誌《ざっし》の中に、日本歴史の一冊《いっさつ》を交ぜてトランクに詰《つ》めた。歴史はおもしろい、と彼女はいつも思う。それは自分たちの役割《やくわり》をはっきりと教える。

　不思議な書き出しだが、この小説は「歴史」にかかわるのである。未来から眺《なが》める「歴史」に。

　折江は、柳《やなぎ》とともに、仕事で北海道に移る。啓介《けいすけ》らが見送る。「王子《おうじ》の駅は活気に満ちていた。二十年前の、顔色の悪い、元気の無い労働者」の姿《すがた》はなかった。三人はこんなことばをかわす。「今年のお花見は賑《にぎ》やかでしょうね。××二十年記念祭を一緒《いっしょ》にやるんだから」「××前の労働者のお花見ってものは、資本家の*2欺瞞策《ぎまんさく》の一つにつかわれたんだそうだが」。

　つまりこれは「一九六〇年」という未来のようすをかいた小説なのである。日本の*3プロレタリア作家の作品には、めずらしいものだとぼくは思う。「××」はおそらく「革命《かくめい》」だったのだろう。いまは暗い時代だが、きっと（作品の発表から）三〇年後には、革命が起きて、つまり一九六〇年には革命が起きて、働く人たちの生活も変わっている、という祈《いの》りをこめて、「一九六〇年三月」は書かれたのである。日記をつけるということは、この佐多稲子の小説のように、未来に立つことでもあるのかもしれない。②今日という日にしばられない日記。そんな日記もつけてみたいものだ。

日記をつけることの意味がわからなくなったり、疑問《ぎもん》に思うようになったために、つけなくなる人もいると思う。でもそれは、日記にはほんとうのことをつけなくてはいけないという気持ちがあるためだと思う。

「楽しかった」とあれば、楽しかったのだ。「つらかった」と書けば、つらかったのだ。でも、ひとつの気持ちを文字にするときには、人は自分を別の場所に移しているものだ。そして、自分をよく見せたりする。ほんとうは、こんなことではなく、別のことでつらかったのに、その別のことをつける勇気はない。義務もない。日記は自分のものだから。だから感情面のできごとについてはいつもほんのちょっとだけ、事実と、ずれたものになっている。だから、③ほんとうのことは日記のなかではなく、そこからちょっとだけ離《はな》れたところにあるのだ。そう思えば元気も出る。日記への疑《うたが》いの半分は消えると思う。

（荒川洋治《あらかわようじ》「日記をつける」）

＊1　紀元（二千七百年）……神武《じんむ》紀元。「日本書紀」の伝える神武天皇（実在不明）即位《そくい》の年、前六六〇年を元年としたもの。

＊2　欺瞞……（自分につごうのよいように）あざむくこと。だますこと。

＊3　プロレタリア作家……プロレタリア（＝労働者階級）の立場にたって作品を描《えが》こうとする文学者。

(1)　――線①のように、「妻がつけるという設定」にしたのは、なぜだと考えられますか。次から選び、記号で答えなさい。〔　　〕（30点）

ア　女性であるがゆえに、比較的《ひかくてき》自由に自分の思いを口にすることができた妻を語り手とすることによって、一日の生活をわかりやすく書き残しておくため。

イ　まずしい家庭の主婦を語り手とすることによって、当時かえりみられることのなかった、庶民《しょみん》のおかれているきびしい現実や思いを浮《う》かび上がらせるため。

ウ　あえて作家自身ではなく主婦である妻を語り手とすることによって、男性中心の社会における女性の立場や気持ちを、かざらないことばで表現するため。

(2)　――線②とは、どういうことですか。次から選び、記号で答えなさい。〔　　〕（30点）

ア　自分の生まれた時代や社会と関わりなく、未来の明るい生活を自由に空想して楽しんでみようとすること。

イ　目の前の現実がいつまでも続くとは考えず、未来の地点から今がどう変わりうるかを想像してみること。

ウ　昨日、今日、明日という時間の区切りにとらわれず、未来のために一瞬《いっしゅん》一瞬を充実《じゅうじつ》させようとすること。

(3)　――線③は、どんなことを言っていますか。次から選び、記号で答えなさい。〔　　〕（40点）

ア　日記にはしょせんほんとうのことは書けないものだと開き直れば、日記を書くことに身構えなくてすむようになり、ものの見方も楽天的になれるということ。

イ　つらかったできごとについて日記を書いているうちに、自分の中に別の気持ちが生まれてきていることに気がつけば、思いつめていた心も軽くなるということ。

ウ　ありのままとは少しちがうことを日記に書いたとしても、自分にとってほんとうのことを見失うわけではないとわかれば、日記を書く意味はあるのだと思えるということ。

〔桐朋中―改〕

19 文章の読み取り方①（細部に注意する）

学習のねらい

文章の細部を読み取るには、まず、全体像をおおまかにつかむことです。全体の構成をまとめ、要旨《ようし》をおさえて、指示語・接続語あるいは、言葉の使い方に注意して読みます。

月　日

答え⬇別さつ18ページ

STEP 1 ステップ1

1 ［細部に注意する］次の文章を読んで、あとの問いに答えなさい。

|1| 映画《えいが》や芝居《しばい》を見ている間、実際とは違《ちが》う時間の流れを経験していることに気づきます。たった一時間の映画で一年間の物語や一〇年の変化が描《えが》かれていても、それを［①］受け入れているからです。あるいは、江戸《えど》時代の日本や一八世紀の西洋の話でも、②いつの間にか主人公の気持ちになって同じ時間を過ごしていることもあります。現実の物理時間から解放されて、物語の時間に同調しているのです。

|2| この時間感覚は、私《わたし》たちの頭に想像するという働きがあって、知らぬ間に、主人公の気持ちを推測《すいそく》したり、ああなって欲《ほ》しいとか、こうするのではないかと推理したりしていることで生まれるものです。これは人間が持つ素晴《すば》らしい能力で、人の気持ちを思いやったり、友達を元気づけたりしたいという心に通じています。時間を超《こ》えて想像することは人間らしい心の作用と言えるでしょう。

|3| 夜眠《ねむ》っているときにしばしば夢を見ます。なぜ夢を見るのかよくわかっていませんが、きっと、昼間頭に入ってきたさまざまな事柄《ことがら》を整理しているのでしょう。夢を見ることを禁ずると（睡眠《すいみん》実験中に、夢を見始めると目がぐるぐる動いたり、脳波《のうは》が変化するので、そのようなことが起こり始めると目を覚まさせるのです）、精神的にまいってしまい病気になるそうです。夢を見ることは健康のためにもよいことなのです。一晩《ひとばん》にたくさん夢を見ているそうですが、ほとんど覚えていないのがふつうで、たまに一つの場面だけが頭にこびりついていたりすることもありますね。

|4| ③夢のなかの時間も、現実の時間とは大きく異《こと》なっています。ずいぶん昔のことが出てきたかと思うと、さっき起こったことが繰《く》り返し出てくることもあって、勝手気ままに時間が流れて過去や未来に自由に行き来できるのです。といっても、自分で夢や時間を選ぶというわけにはいきません。もっとも、ノーベル賞をもらった学者には、夢の中でヒントを得たという人もいます。日頃《ひごろ》考え詰《つ》めていると、それに合わせた夢を見ることもあるのでしょうか。

|5| 中国に「胡蝶《こちょう》の夢」という昔話があります。蝶になって花々をめぐる夢を見て、さて夢を見ている方が自分なのか、蝶となって飛んでいる方が自分なのか、わからなくなったという話です。夢を見た後、そんなことを考えたことはありませんか。また、「邯鄲《かんたん》の夢」という話もあります。夢のなかで大金持ちになるのですが、ふっと夢からさめて我《われ》にかえると、さっき火にかけた鍋《なべ》がまだ煮《に》えていなかった、

という物語です。人間が栄えるのも［④］過ぎないことを知り、自分の人生を考え直すのです。こんなふうに、夢は時間を超越《ちょうえつ》しているので、見るのが楽しみのときもあるし、怖《こわ》いときもありますね。

［6］夢と同じで、しかし夢ではなく、ほんの一瞬《しゅん》だけぼんやりと思っていたのに、時間が長く経《た》ったと感じたということはありませんか？　特に、あれもして、これもして、その次にこんなことをしよう、なんて未来のことを考えているときに経験することが多いようです。あるいは、こんなことがあって、次にあんなことが起こって、それからまたあんなふうになって、と過去のことを思い出す場合にも経験します。未来や過去の時間が凝縮《ぎょうしゅく》されて、今のこの瞬間にかたまって出てくるのでしょうか。

［7］考えてみると、過去から現在、そして未来へと時間は流れていきますが、［A］という時間は一瞬のことで長さがないのかもしれません。すぐに［B］になってしまうからです。また、［C］は長いように思えるのですが、すぐにやってきて［D］になってしまいます。現在の時点で、過去や未来のある部分が一瞬の間に頭のなかに浮《う》かんでくると解釈《かいしゃく》できそうです。時間が折りたたまれているのかもしれません。

（池内《いけうち》 了《さとる》「時間とは何か」）

(1) ［①］に入る言葉を、次から選び、記号で答えなさい。〔　　〕

ア ぴったりと　**イ** すんなりと　**ウ** やんわりと
エ すっきりと　**オ** しんみりと

(2) ――線②「いつの間にか主人公の気持ちになって同じ時間を過ごしている」とありますが、なぜそうなるのですか。かんたんに説明しなさい。

〔　　　　　　　　〕

(3) ――線③「夢のなかの時間も」とありますが、何に加えて「夢のなかの時間も」と言っているのですか。「何」にあたるものを文中から五字でぬき出しなさい。

□□□□□

(4) ［④］に入る内容を、次から選び、記号で答えなさい。〔　　〕

ア ただの願いにしか　**イ** 偶然《ぐうぜん》の結果にしか
ウ 少数のものにしか　**エ** 短いあいだにしか
オ 非現実的なものにしか

(5) ［7］段落《だんらく》の［A］～［D］に入る言葉の組み合わせを、次から選び、記号で答えなさい。〔　　〕

	A	B	C	D
ア	現在	過去	未来	過去
イ	現在	過去	現在	過去
ウ	未来	現在	未来	現在
エ	未来	現在	未来	過去
オ	未来	過去	未来	現在

〔茗溪学園中〕

時間 30分　合格 80点　得点 点　月 日

答え⬇別さつ19ページ

1 次の文章を読んで、あとの問いに答えなさい。

① 地球の水には、むかしにはなかった問題がいろいろと出てきています。ひとつは食糧《しょくりょう》を作るための水の問題です。作物を育てる農業のためには水が必要です。日本でも雨が少ないと農作物の不作がニュースになるように、植物にとって、水はとても大切なものです。この農業のための水が、世界各地で、足りなくなっているのです。

② 中央アジアにあるアラル海は、一九五〇年代までは世界第四位の大きな湖で、琵琶《びわ》湖の一〇〇倍もある大きな湖でした。

（A）日本の湖ならば、ふつう流れこむ川も、湖から流れ出る川もあります。
（B）これらの川はいずれも高い山に積もった雪や、その雪からできた氷河が溶《と》けた水からきていました。
（C）アラル海には流れこむ大きな川がふたつあって、
（D）この湖は、カザフスタン*1とウズベキスタンの国境にあります。
（E）流れこむだけでは、湖がいっぱいになってあふれてしまうように思えます。

でも、アラル海から流れ出る川はありません。アラル海のまわりは砂漠《さばく》のような乾燥《かんそう》地帯で空気が乾燥しているので、水はどんどん蒸発《じょうはつ》して減っていきます。[a]アラル海の場合には、大きな川がふたつ流れこんでいても、蒸発する水の量とバランスしていて、湖の大きさは一定だったのです。

③ 湖の近くの気候も、この湖のおかげでおだやかなものになっていました。湖があれば、気温もそう上がりませんし、冬もそれほどは下がりません。ここでは漁業もさかんで、年に五万トンというたくさんの魚がとれていました。水があり、魚もとれ、湖のまわりで農業ができましたから、乾燥地の中の大きなオアシス*2として、多くの人々が湖のまわりに暮らしていたのです。

④ [b]、一九四〇年代からアラル海に流れこむ川の上流で大規模《だいきぼ》な灌漑《かんがい》農業が行われるようになりました。これまでアラル海に流れこんでいた川の水を使って、大規模に綿花を育てる農業がはじまったのです。これは当時のソ連（カザフスタンもウズベキスタンもソ連の一部でした）が国としてとても力を入れていた国家計画でした。川のまわりは乾燥地帯ですから、雨を降《ふ》らせる雲も少なく、もともと太陽の光はいつも照っています。あとは水さえあれば、作物はよく育つのです。[c]、人工的に水をやって作物を育てる農業のことを「灌漑農業」といいます。灌漑農業を始めたために、アラル海に流れこむ川の水がほとんどなくなり、アラル海の水はどんどん減りつづけたのです。[d]、アラル海はどんどん小さくなっていき、いまではむかしよりはるかに小さくなってしまいました。二〇二〇年までには、アラル海はまったく消えてしまうのではないかといわれているほどです。

⑤ むかしの湖岸だったところは、いまは砂漠のようになっていて、水が減って使えなくなってしまった船がいくつも

すてられています。たくさんとれていた魚も、まったくとれなくなってしまいました。これは、アラル海の水が減ったせいだけではなくて、海水の十分の一ほどの濃《こ》さの塩分で、ほとんど真水だった湖水が、濃い塩水になったせいです。湖の水が蒸発して減って、アラル海の水が煮《に》つまったようになり、塩分がとても濃くなって、魚が住めなくなってしまったのでした。（中略）

⑥　影響《えいきょう》は作物や生態系《せいたいけい》だけではありませんでした。人間にもおよんでいます。アラル海のまわりでは鼻やのどの病気や、喉頭《こうとう》がんというがんが増えています。空気が汚《よご》れただけではなくて、飲む水も汚れてしまったために、いろいろな病気が多発することになってしまいました。

⑦　こうしてアラル海は二〇世紀最大の環境破壊《かんきょうはかい》といわれるようになってしまったのです。しかし、人類が地球の上にある、かぎられた水をこのように使いつくしてしまったり、汚してしまうことは、アラル海ほど大規模ではなくても、世界中で起きていることなのです。

（島村英紀《しまむらひでき》「地球環境《かんきょう》のしくみ」）

＊1　カザフスタンとウズベキスタン……旧ソ連から独立した中央アジアの国々。

＊2　オアシス……砂漠の中で、水がわき、草木がしげっている場所。

(1) 文中の [a] ～ [d] にあてはまる言葉を次から選び記号で答えなさい。（同じ言葉を二度使ってはいけません）（20点／一つ5点）

a〔　〕　b〔　〕　c〔　〕　d〔　〕

ア　このように　イ　ですから　ウ　しかし　エ　また

オ　そのうえ　カ　そして

(2) ②段落《だんらく》の〔　〕の（A）～（E）の順序を次から選び、記号で答えなさい。（20点）〔　〕

ア　（C）→（E）→（B）→（A）→（D）

イ　（D）→（A）→（C）→（B）→（E）

ウ　（C）→（B）→（A）→（D）→（E）

エ　（D）→（C）→（B）→（A）→（E）

オ　（B）→（C）→（A）→（E）→（D）

(3) 日本の湖はアラル海とどうちがいますか。十二字以内で書きなさい。（20点）

(4) ――線「蒸発する水の量とバランスしていて」とあります。「蒸発する水の量」と何とのバランスがとれているのですか。次から選び、記号で答えなさい。（10点）〔　〕

ア　多くの人々が使用する水の量

イ　湖から流れ出る川の水の量

ウ　砂漠にあふれ出る水の量

エ　流れこむふたつの川の水の量

オ　農作物を育てるための水の量

(5) 段落③、⑤、⑥はそれぞれどのような内容を説明していますか。次から選び、記号で答えなさい。（30点／一つ10点）

③〔　〕　⑤〔　〕　⑥〔　〕

ア　アラル海の変化の影響が自然以外にもおよんだこと。

イ　アラル海の水量と水質の変化によって、何が起きたか。

ウ　アラル海周辺の広い範囲《はんい》に起こった変化について。

エ　むかしのアラル海について。

（同志社香里中―改）

20 文章の読み取り方②(主題・要旨《ようし》をつかむ)

学習のねらい

要旨をつかむことは読解の基本です。筆者の考えをとらえるポイントになります。「要は…だ」「大切なのは…だ」「…ではないか?」などの言葉がヒントになります。

月　日

答え⬇別さつ19ページ

STEP 1 ステップ1

1 [主題・要旨をつかむ] 次の文章を読んで、あとの問いに答えなさい。

——小説を書きはじめたきっかけは何ですか?

雑誌《ざっし》や新聞のインタビューなどでいちばんよく訊《き》かれるのは、間違《まちが》いなくこの手の質問である。断言してもいいが、多くの物書きの方は①こういった質問にうんざりしているはずだと思う。

【私《わたし》ももちろん例外ではない。一生懸命《けんめい》考えてことばを選び、なんとかそれらしい答え方をしていたのはごくはじめのころだけで、デビューしてしばらく経《た》ち、インタビューや取材の類《たぐ》いに慣れてくるとその質問に対しては適当に受け流すか、あるいは「きっかけなんてありません」のひと言で無理矢理に会話を終わらせるかのどちらかになった。いっときなど、まるで嘘《うそ》っぱちをさもそれらしく即興《そっきょう》で作りあげた出まかせの話を喋《しゃべ》っていた時期もあるくらいだ。】

「小説を書きはじめたきっかけは何ですか?」という問いが「②小説家になったのはなぜですか?」ということを意味しているのであれば、私の場合は答《こたえ》は簡単《かんたん》だ。文芸誌の新人賞を(ラッキーにも)もらうことができたからである。

だが、「小説を書きはじめたきっかけ」が文字どおりの——つまり「なぜ小説を書いたのか」ということを意味しているのならば、「きっかけなんぞはない」というのがいちばん正直な答え方ではないかと思う。

(中略)

小説なんかを書く気になったのに「きっかけ」などありはしない。③ただ、身体《からだ》の中から湧《わ》いて出た。絵でも音楽でもなく、「ことば」の形で湧いて出た。

これもいつも思うことなのだが、絵描《えか》きやミュージシャンに「絵描きになった□」だの「ミュージシャンになった□」だのを訊く人は滅多《めった》にいないのに、なぜことばを扱《あつか》う者だけがその種の質問に見舞《みま》われるはめになるのだろうか。おそらく、絵や音楽のほうが「身体の中から湧いて出る」という感覚が理解しやすいのだろうとは思うが、「ことば」だって湧いて出るのだ。

最近、若《わか》い人が「何かやりたい」と言っているのをよく聞く。そうして彼《かれ》らは「でもその『何か』が見つからない」と続けて言う。だが、④そんなもの見つけようとして見つかるモンではない、というのが私の意見だ。「やりたい何か」は探《さが》すものではないだろう。宝《たから》探しじゃあるまいし。

ほんとうに「何かをやりたい」人ならば、その「何か」が見つからないだのへったくれだの言う前に、すでに「何か」をはじめているだろう。なぜって、その「何か」を凄《すご》く好きなのだから。抑《おさ》えようとしても、湧いて出てきてしまうのだから。

（鷺沢《さぎさわ》　萠《めぐむ》「途方《とほう》もない放課後」）

(1) ――線①「こういった質問」が指している内容を文中からぬき出しなさい。

［　　　　］

(2) 【　】の部分にあげられたやり方のうち、筆者の心情に最も近いやり方を、三十字以上三十五字以内で答えなさい。

(3) ――線②「小説家になったのはなぜですか？」という問いに対する筆者の答えを文中からぬき出しなさい。

［　　　　］

重要

(4) ――線③「ただ、身体の中から湧いて出た」とありますが、湧いて出たのはなぜですか。

［　　　　］

(5) 二つの□には同じ言葉が入ります。最もふさわしい言葉を文中からぬき出しなさい。

［　　　　］

(6) ――線④「そんなもの」が指している内容を答えなさい。

［　　　　］

(7) この文章で筆者が言いたかったことを次から選び、記号で答えなさい。

［　　］

ア 小説はことさらに書こうと決意して書くようなものではなく、身体の中から自然に湧いて出てくる感情を素《す》直《なお》に表現するものである。

イ 小説家に書きはじめた理由を訊くほど意味のない問いはなく、雑誌や新聞のインタビューではできれば小説の内容にかかわる質問をしてほしい。

ウ 絵描きやミュージシャンの表現と同じくらい、小説家の表現もクリエイティブなのだということを世間に広く知らしめたい。

エ やりたいことというのは探して見つかるものではなく、内なる衝動《しょうどう》を感じていつの間にかはじめてしまっているものである。

ステップ 2

月　日
時間 30分
合格 80点
得点　点

答え➡別さつ20ページ

1 次の文章を読んで、あとの問いに答えなさい。

阪神《はんしん》・淡路大震災《あわじだいしんさい》

あの大震災が起きたとき、京都《きょうと》のわが家も大きく揺《ゆ》れ、私《わたし》はびっくりして飛び起きました。幸い茶碗《ちゃわん》を数個割《わ》ったくらいですんだのですが、豊中市《とよなかし》にある研究室では本棚《ほんだな》がすべて倒《たお》れており、もし昼間なら、私も本の下敷《したじ》きになって命を失ったかもしれないと思ったものです。実は、「関西には地震は起こらない」という［A］があり、私も油断していました。「関西にも地震は起こる」と［B］していた地震学者もいましたが、その声は一般《いっぱん》の私たちには届いていませんでした。［C］、地震対策も関西ではほとんど考慮《こうりょ》されてこなかったのです。

地震後のさまざまな報道を見、その中で科学者が発言していることを聞きながら、専門家《せんもんか》と呼《よ》ばれる科学者が、自然や学問についての謙虚《けんきょ》さを失っていることを強く感じました。

地震学者は、長い間「地震は予知できる」と言い続けて、多くの研究予算を獲得《かくとく》してきました。そのため、私たちも地震がいつ起きるかの予知ができるはずという［D］を抱《いだ》かされていたのです。今回の震災で、私は、地震学の現状を調べてみました。その結果、地震のデータは多く集まり、振動《しんどう》の波形分析《ぶんせき》・地殻《ちかく》の歪《ゆが》み・重力異常《いじょう》などから、地震の規模《きぼ》・伝播《でんぱ》の仕方・起こり得る被害《ひがい》などを計算することができるようになりつつある、ということがわかりました。

しかし、地震が、「いつ、どこで、どのような規模で」起こるかを【　㋐　】することについては、さっぱり進んでいない、ということがわかってきました。というのも、地震は地下数十キロメートルでの岩石破壊《はかい》現象ですから、岩石の性質を手にとってくわしく調べることはできず、［E］現代物理学が最も①不得手とする*カオスにからむ問題なのです。したがって、【　㋑　】とは言えても、いつ、どこで起こるかは、現在の知識では言えないのです。「地震予知」とは、「いつ、どこで、どのような規模で地震が起きると予言する」ことですから、現段階《げんだんかい》では地震予知はできないのです。

［F］、このことは当然地震学者もよく知っていることですが、必ずしも明言していないのです。逆に、「地震予知連絡会《れんらくかい》」という法律《ほうりつ》でつくられた組織に参加して、「地震を予知して内閣《ないかく》に知らせる」ことを義務にしています。実際にはできないことを、できると約束しているのです。なぜ、そんな矛盾《むじゅん》した態度をとっているのでしょうか。地震予知事業に投入される研究予算を失いたくないからとしか考えられません。②この態度は、何も地震学者に限りません。研究予算を確保するために、「作文」と称《しょう》して、私たち科学者はできもしないことを約束することが多いからです。

③私は、このような態度は科学者の退廃《たいはい》であると思っています。研究予算がないと研究者として生きていけないのは事実

ですが、それを獲得《かくとく》するために真実をゆがめるのは、科学者の真実を探求《たんきゅう》するという使命と矛盾《むじゅん》しているからです。特に、人命にかかわるような分野では、殺人に加担《かたん》しているといわれても仕方がないでしょう。

　科学者は、何もかもわかっている人間なのではなく、「『現在、何がわかっていて、何がわかっていないか』を最もよくわかっている人間」なのです。わからないことを研究しているのが科学者なのですから。だからこそ「【　ウ　】」が、科学者の責任なのだと思います。

（池内《いけうち》　了《さとる》「科学の考え方・学び方」）

＊カオス＝物事の区別がはっきりしないさま。

(1) C・E・F にあてはまる言葉を次から選び、記号で答えなさい。（記号は一度しか使えません）（9点／一つ3点）

ア しかし　イ また　ウ だから　エ むろん

C〔　〕　E〔　〕　F〔　〕

(2) A・B・D にあてはまる言葉を次から選び、記号で答えなさい。（記号は一度しか使えません）（9点／一つ3点）

ア 幻想《げんそう》　イ 俗説《ぞくせつ》　ウ 責任　エ 警告《けいこく》

A〔　〕　B〔　〕　D〔　〕

(3) 【　ア　】にあてはまる言葉を文中からぬき出しなさい。（12点）〔　〕

(4) 【　イ　】にあてはまる言葉を次から選び、記号で答えなさい。（10点）〔　〕

ア いつも地震は起こる　イ いずれ地震は起こる

ウ 絶対に地震は起こる　エ やはり地震は起こる

(5) ——線①「不得手」と同じ意味の語を漢字三字以内で書きなさい。（10点）

(6) ——線②「この態度」とは具体的にどのような態度ですか。文中の言葉を使って三十字以内で答えなさい。（15点）

(7) ——線③「私は、このような態度は科学者の退廃であると思っています。」とありますが、それはなぜですか。その理由として適するものを文中より三十字以内で探《さが》し、そのはじめの五字をぬき出しなさい。（句読点などがあれば一字とします）（15点）

(8) 次の一文が本文中よりぬけています。どこにもどせばよいですか。もどす所の直前の一文の最後の七字をぬき出しなさい。（句読点などがあれば一字とします）（10点）

つまり、地震が起こるメカニズムや、いったん地震が起こればどうなるかの研究は大いに進んだのです。

(9) 【　ウ　】にあてはまる言葉を次から選び、記号で答えなさい。（10点）〔　〕

ア 何がわかっていないかを正直に話すこと

イ わかっていることをすべて内閣に知らせること

ウ わかっていなくとも自信を持って明言すること

エ できないことをできるようにすること

〔共立女子第二中〕

1 次の文章を読んで、あとの問いに答えなさい。

中学生の克久《かつひさ》は、入学後吹奏楽部《すいそうがく》に入部し、トランペットを担当《たんとう》している。仲間や顧問《こもん》の森勉《つとむ》（＝ベンちゃん）とともに全国大会を目指して日々練習にはげみ、念願の全国大会の出場を決めた。

場内アナウンスで曲目の紹介《しょうかい》が終わろうとするころ、ようやくベンちゃんが指揮台《しきだい》の横にとう着した。両方の肩《かた》は激《はげ》しく上下している。息を切らせているのだ。指揮台横に急行したベンちゃんは、まぶしいライトの中で観客のはく手を受けた。

克久はまだ不安をふくらませていた。恐怖《きょうふ》と沈黙《ちんもく》は結合したまま、はなれようとしない。自分の手に五十人分の一年間にわたる努力がかかっているのだという考えさえ、不安の材料になった。

指揮台にあがったベンちゃんが指揮棒《ぼう》をとる。ふせられた彼《かれ》の頭が上がり、並《なら》んだ吹奏楽部のメンバーの顔を見わたす。

そのうれしそうな顔といったら、なかった。日本一の晴れがましさと言ってもオーバーではない。本番には決まってうれしそうな顔をするからこそ、日ごろは文句を言っても、ベンちゃんについていくメンバーだったが、①この日の晴れがましさは特別であった。特上のとか、ピカイチのとか、いくら言葉を重ねても足りない。

②幸福がそこに立っているというかがやかしさだ。この幸福は全国大会に出られたなどというちっぽけな幸福ではなかった。幸福そのものとしか言いようのないかがやきの放つ光は一瞬《いっしゅん》にして、五十人の部員全体を包んだ。光は一人一人をはげまし、勇気をあたえる。ステージに立つ前の指揮者は、音楽を構築するための現場監督《かんとく》で、荒々《あらあら》しくもあり、力仕事をしているようでもあるが、今日の指揮台に上がった指揮者は演奏家に勇気と希望と確信をあたえる存在《そんざい》となっていた。

つまり、指揮者というのは、そういうものだ。だから指揮棒は神聖《しんせい》なのだ。森勉の晴れがましさは、この、みんなが生きている世界を心底から信らいした人間の持つ晴れがましさだった。

わくわくする。

一言でいえばそういうことだった。ベンちゃんの顔を見たとたんに、みんな、からだがわくわくした。克久だって例外ではない。彼も指揮棒がふり下ろされた瞬間、仲間といっしょにわくわくしたのだ。ホルン*1のおだやかなファンファーレ*2がひびいた。ファンファーレとしては異色《いしょく》だが、これが「ラ・マルシュ」*3のファンファーレだ。

やわらかなホルンのファンファーレがひびきわたった。金管楽器が、そのおだやかなファンファーレをきらびやかに包みこむ。

克久は恐怖と沈黙が結合した暗やみの中から不意に自分が立ち上がるのを感じた。そこにいるのは五十人の仲間の努力を全身で引き受けようとする孤独《こどく》な少年だった。沈黙と結合した恐怖の中では、彼は孤独ですらなかった。ベンちゃんの破顔一笑が彼に孤独でいることの勇気をあたえたのだ。

ほんの数分間の、③彼の心の中での出来事は幻《まぼろし》ではない。音楽は演奏を終えてしまえば消えてしまうものであるし、音楽があったからと言って世の中の何かが変わるというものでもないけれど、一人の人間を確実に変える力はある。
孤独を取りもどしたということは、克久という少年の輪郭《りんかく》がはっきりしたということだ。他人には見える姿《すがた》も、本人には輪郭が失われて、わけのわからない暗やみと同じものになっていることが、人間の世界ではめずらしくない。だれにだって、そういう自分の輪郭が失われてしまう時間はおとずれるものだし、だれのとなりにも輪郭を失ったままの人間が存在する可能性がある。克久が数分の間に経験したことは、大人が虚無《きょむ》と無《む》秩序《ちつじょ》と呼《よ》ぶ混乱《こんらん》の中から人を救い上げるのは、うれしさをともなった信らい感の表明以外の何ものでもないということだった。ベンちゃんは全身で信らいということを表明しているのである。

（中沢《なかざわ》けい「楽隊《がくたい》のうさぎ」）

＊1　ホルン……金管楽器の名前。
＊2　ファンファーレ……金管楽器や太鼓《たいこ》による合奏。
＊3　「ラ・マルシュ」……曲の名前。

(1) ――線①「この日の晴れがましさ」とありますが、ベンちゃんの晴れがましさは何ですか。文中から三十二字で探《さが》し、はじめとおわりの三字をぬき出しなさい。（40点）

□□□〜□□□

(2) ――線②「幸福がそこに立っているというかがやかしさだ」とありますが、そこにはベンちゃんのどのような気持ちが表現されていますか。次から選び、記号で答えなさい。〔　　〕（30点）

ア　全国大会に出られて、きん張している反面、まぶしいライトに照らされて観客のはく手を受けることが何よりも喜ばしいと思っている。
イ　全国大会に出られて喜んでいるだけではなく、音楽そのものを楽しんだり、このメンバーで音楽を演奏できることの喜びに満ちあふれている。
ウ　全国大会に出られた喜びはもちろんのこと、この指揮台に上がるという一番の目標を達成できたことが彼にとっての最高の喜びだと感じている。
エ　全国大会に出るためだけに指揮者として今まで努力をしてきたので、それが今かない、このメンバーで音楽を演奏できる喜びにひたっている。

(3) ――線③「彼の心の中での出来事」とありますが、それはどのようなことですか。その説明を次から選び、記号で答えなさい。（30点）〔　　〕

ア　ホルンのおだやかなファンファーレが始まったことで、ベンちゃんと一緒《いっしょ》に音楽と向き合う勇気がわいたということ。
イ　ベンちゃんの子ざるのようなすばやさを見て、楽しい気持ちになり、不安や恐怖の気持ちが消えてしまったということ。
ウ　ベンちゃんが指揮台に上がったことで、不安や恐怖の気持ちが取り除《のぞ》かれ、音楽と向き合う勇気がわいたということ。
エ　ホルンのファンファーレが始まり、ベンちゃんのうれしそうな顔を見て、音楽を楽しむ気持ちがより高まったということ。

〔星野学園中―改〕

21 意見文を書く

学習のねらい
人に正しく理解してもらうように書くためには、①結論《けつろん》を示し、あとから理由・根拠《こんきょ》を述べる方法と、②理由・根拠をあげ、読み手の理解を深めて、結論へ導く方法があります。

月　日

答え➡別さつ20ページ

ステップ1

1 [取材メモ]「物を大切にしよう」という題で意見文を書きます。次の問いに答えなさい。

(1) 取材メモをもとにして、組み立て表をつくります。取材メモの①～⑥をどこに入れたらよいか、記号を入れなさい。

〈取材メモ〉
① 自分の持ち物には名前を書きこもう。
② 教室には毎日いろいろ落とし物がある。
③ おわりの会で落とし物のお知らせをしても、だれも取りにこなかった。
④ テレビのニュースで、たくさんの物が捨《す》てられているのを見た。
⑤ 落とし物には、どれも名前が書かれていなかった。
⑥ 落とし物の箱の中に、いつまでも残ったままだ。

はじめ	なか	おわり
きっかけとなった事柄《ことがら》をあげる。	自分の意見をうらづける事実を箇条《かじょう》書《が》きにする。	自分の意見をまとめて書く。
[　] [　]	[　] [　] [　]	[　]

(2) 意見文を工夫《くふう》して書くため、時間の順番を考えることも大切です。「物を大切にしよう」という文の組み立てに合う時間の順番を、次から選び、記号で答えなさい。[　]

ア 現在――現在――過去
イ 現在――過去――現在
ウ 過去――現在――現在
エ 過去――現在――過去

重要

2 〔呼《よ》びかけの文〕 次の絵は遠足に行ったときの、ごみばこのまわりのようすです。このことを、クラスのみんなに呼びかけるつもりで、文章を書きたいと思います。次の注意事項《じこう》を参考にして、下の□に書きましょう。

〈注意〉
○はじめ……注意をうながす呼びかけを書く。
○な　か……絵を見て、例をあげて、事実を書く。
○おわり……ごみのない美しい町や公園にするための自分の考えを書く。

はじめ	なか	おわり
みなさん、　いいのでしょうか？　どう思いますか。	ごみばこのまわりを見てください。そこは、　遠足は、　このことは、	自分のごみは、　そして、

ステップ2

月　日

時間 30分　合格 80点

得点　点

答え⬇別さつ20ページ

1 次の文章を読んで、あとの問いに答えなさい。

日本ほど多くのごみを出し、燃やしている国はありません。日本では一人あたり約一キログラムのごみを毎日出し、年間で一つの家庭から約一～二トンものごみが出ていると言われています。

一方、ヨーロッパなどの環境《かんきょう》先進国と呼《よ》ばれる国々では、ごみの処理《しょり》に関してきびしい規制が設けられています。例えば、「4R」というごみ処理の原則です。

日本でも、容器リサイクル法が施行《しこう》されていますが、このリサイクルはあまりうまく機能していないと思われます。実際に、回収されたペットボトルが処理されることなく、放置されている光景もテレビのニュースなどでよく見られます。

［　］、家電リサイクル法も同じように施行されていますが、この法律《ほうりつ》のために、かえって家電製品の不法投棄《とうき》が増えているという問題も生じています。

ごみ問題は、私《わたし》たちの生活にとって身近な問題です。日本ではどのような法律が施行されているのかを確認《かくにん》しながら、普段《ふだん》の生活で出来ることから始めていくべきだと思います。先に挙げた「4R」は、そのお手本とすることができるでしょう。まずはごみの出ない買い方・使い方から実践《じっせん》してみませんか。

---

(1) ［　］に入る言葉を次から選び、記号で答えなさい。（10点）

ア そこで　イ また　ウ だから
エ ところが　オ つまり

［　　］

(2) この意見文について、友達から次のような意見が出ました。最も重要なあやまりを見つけたのは、A、B、C、Dの四人のうち、だれですか。（20点）

A 日本で出るごみの量について、「約」という言葉をつけると不確かな感じがするので、取ったほうがよい。

B 「4R」について、前半と後半にも出てくるが、具体的な内容も説明したほうがよい。

C 法律は私たちの生活にそれほど関係していないので、わざわざ説明する必要はない。

D 買い物は主に家族の人が行うので、小学生の意見文に買い方について意見を述べる必要はない。

［　　］

(3) この意見文にタイトルをつけることにしました。あなたならどのようなタイトルをつけますか。考えて書きなさい。（20点）

［　　］

2 次の文章を読んで、あとの問いに答えなさい。

「□」とはなんだろうか。私たちは毎日、衣食住の心配をすることなく生活している。これを豊かな暮《く》らしといってよいだろう。しかし、本当の意味での豊かさには、物質的なものと精神的なものがあると考える。

例えば、「たくさんお金がほしい」と言う人がいたとする。その人にお金をいくらか与《あた》えたとして、それで満足するだろうか。きっと、「もっとほしい」と言うだろう。つまり、物質的な豊かさは限りがないのである。

一方、精神的な豊かさとはどのようなものだろうか。それは、心が幸せと感じているかどうかだと思う。持っているお金が少なくても、「これで十分だ」と感じ、満足できるなら、それはきっと豊かなのである。

さまざまな物を簡単《かんたん》に手に入れることができる現在の生活では、物質的な豊かさを追い求めてしまいがちである。だからこそ、精神的な豊かさもあることを忘《わす》れてはならない。また、何を豊かだと感じるかは人によっても異《こと》なるので、自分の豊かさを他人におしつけるようなこともあってはならない。

「豊かになりたい」と思いながら、日々努力を続けること、そして何より、自分にとっての豊かさとは何かを考えながら生活を送ることが大切なのではないだろうか。

(1) □に入る言葉を、文中からぬき出しなさい。(10点)　〔　　〕

(2) 本文の内容と合っているものを次から選び、記号で答えなさい。(10点)　〔　　〕

ア 私たちは毎日、衣食住に不安をかかえながら生活している。

イ 豊かさには、物質的な豊かさと精神的な豊かさの二種類がある。

ウ どのような人でも、お金をもらうと「もっとほしい」と言うはずである。

エ 自分にとっての豊かさを他人と共有することが大切である。

(3) この意見文を読んで、あなたはどのように感じましたか。八十字以内で書きなさい。(30点)

22 構成を考えて書く

月　日

答え⬇別さつ21ページ

学習のねらい

課題作文を書くときには、全体の構想が大事です。課題の言葉（名詞）に問いの形をたて、はじめ→なか→おわりの構成を考えます。自分が関心のあることをとりあげ、体験からまとめます。

ステップ1

重要 **1** ［文章の構成］次の地図を見て、●印から……にそって、矢印のところへ行くまでの道順を書きなさい。

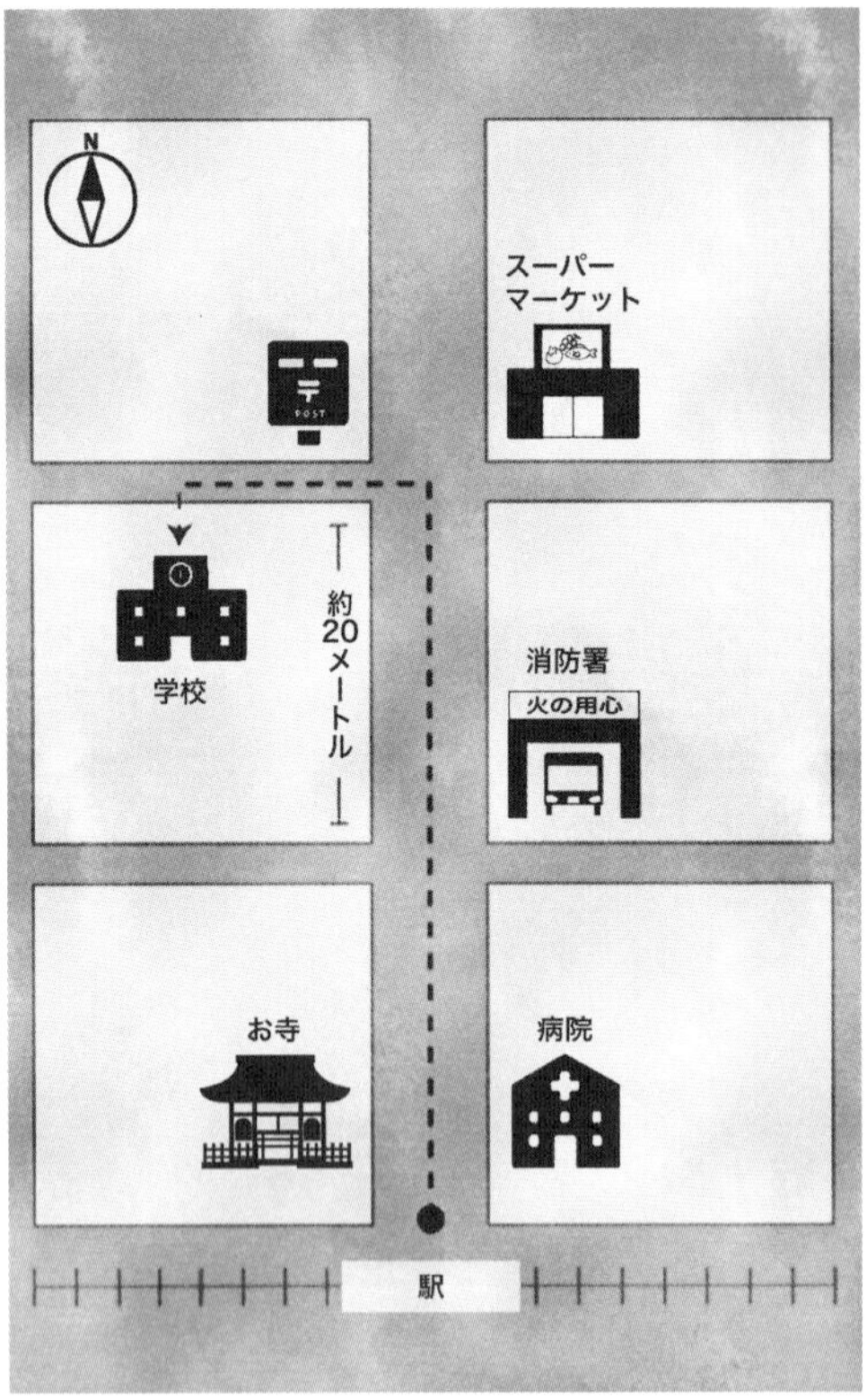

○駅から学校までの道順を説明します。

駅をおりて、（　　　　）

一つ目の十字路をさらに（　　　　）

二つ目の十字路から（　　　　）

2 ［文章の構成］自分のかっている小犬のケンのことで「ケンのいいところ」という作文を書きます。次の中から必要と思われる内容を三つ選びなさい。

ア（　）ケンは人なつっこい犬です。

イ（　）犬にはいろいろな種類があります。

ウ（　）犬とさるは仲が悪いと言われています。

エ（　）となりのねこと大げんかをしました。

オ（　）毛がふさふさしてだくとあったかいです。

カ（　）よぶとすぐに飛んできます。

3 ［文章の構成］自分の名前について、両親から聞いたり、辞書を用いたりして、だれがつけて、どんな願いがこめられているか、また、どんな意味があるか調べました。それを「わたしの名前、ぼくの名前」という題で書きたいと思います。次の取材してきたことを観点ごとにまとめたものについて、どのような順序で書くと効果的か考えて、書く順番を決めなさい。

① 辞書などで調べたことを整理して書く
② 両親に聞いたことを整理して書く
③ 名前にかかわる一番の思い出を書く
④ 今後の自分の生活に生かしたいことを書く
⑤ 調べてわかったことについて自分の感想を書く

〈順番〉

4 ［語句の意味］次の文章を読んで、あとの問いに答えなさい。

私《わたし》は、障子《しょうじ》のひとこまを切りぬいて、えさを運んでくる親つばめの通り道とした。空から勢いよく飛んでくる親つばめは、①そんな小さい通り道を、羽を広げたまま、すうっと通りぬけて入る。ときには、②障子のさんに止まって部屋の中をのぞいてみる。③そのりこうそうな目つきは、実にかわいらしいものであった。

(1) ——線①のそんな小さいとは、どんなようすですか。文中の言葉で書きなさい。

［　　　］

(2) ——線②の主語は何ですか。

［　　　］

(3) ——線③のそのりこうそうなとは、どんなようすですか。「〜ようす。」に続くように、文中からぬき出しなさい。

［　　　］ようす。

重要

1 メモをもとに、「自動車工場見学」の記録をまとめようと思います。□に書かれている内容のうちで、必要のないものの記号を二つ選び、そのかわりとして必要だと思う内容を、▯から二つ選び、それぞれ記号で答えなさい。（32点／一つ8点）

ア 見学日時
イ 出発前、はげしく、雨が降《ふ》ったこと
ウ 見学の目的
エ 見学した工場の大体のようす
オ 自動車ができあがる順序（製造工程）
カ 見学中、のどがかわいたこと

キ 工場へ着くまでのバスの中のようす
ク 工場で働いている人へのインタビュー
ケ 見学を終わっての感想
コ 下校してから、山本《やまもと》君と遊んだこと

□を□に入れかえる。

2 学級で「テレビをみない日をつくる」ことについて話し合いました。このことについて、意見をまとめました。次の□に言葉を書きなさい。（30点／一つ6点）

〈構成表〉

①	本《ほん》論《ろん》	②
話題を提示	具体例・③	感想・意見
ここに書くことで大切なことは ④ です。	自分の意見を裏付《うらづ》ける事実を箇条書《かじょうが》きに書きます。 。テレビをみすぎて……なことで失敗した。 。……なことでテレビは役に立った。	自分の考えをまとめましょう。ここではっきり書くことは ⑤ です。

月　日
時間 20分
合格 80点
得点　点
答え⇒別さつ21ページ

3 山田《やまだ》さんの班《はん》では、学級新聞に運動会の記事をのせることにしました。運動会についてまとめたメモと、山田さんたちの話し合いの一部、実際に書いた新聞記事の一部を読んで、あとの問いに答えなさい。

【メモ】

記事のタイトル
がんばったよ!　6年3組

内容
①練習で大変だったこと
・リレーのバトンがなかなかうまくつながらなかった。……
②運動会当日の結果
・リレーでは見事1位に。
・応えん合戦では，みんな大きな声を出して盛《も》り上げていた。……

【話し合いの一部】

山田さん　みんな、運動会について、新聞記事にどのようにまとめようか。

加藤《かとう》さん　メモを見ていると、[①]から、リレーでアンカーを務めた今井《いまい》さんに感想を聞いて、それをつけ加えたらどうかな。

山田さん　それはいいアイデアだね。

【実際に書いた新聞記事の一部】

[②]

先週の土曜日、運動会が行われました。

クラス対抗《たいこう》リレーの練習では、バトンがなかなかうまくつながらず……

リレーでアンカーを走った今井さんは、「二位でバトンを受け取ったときは、一位の二組を追いぬくことができるかドキドキしました。」と話してくれました。

(1) [①]にあてはまる言葉を次から選び、記号で答えなさい。 〔　　〕(18点)

ア 実際の正確な記録が書かれていない
イ 事実ばかりで意見や感想が書かれていない
ウ 自分のクラスのことばかり書いている
エ 先生がどう思ったかがぬけている

(2) [②]にあてはまる言葉を、【メモ】からぬき出しなさい。(20点)

〔　　〕

23 目的に応じて書く

学習のねらい

目的に応じて書くために、具体的な例をあげて説明している説明文を読んでそのパターンを練習します。また、表やグラフを活用したり、感想と主張をはっきり分けて書くようにします。

月　日

答え⬇別さつ22ページ

ステップ1

1 〔表を見て書く〕次の表は、キャベツとレタスを比べたものです。この表をもとに次の問いに答えなさい。

	キャベツ	レタス
分　類	アブラナ科ブラシカ属	キク科アキノノゲシ属
学　名	ブラシカ・オレラシア（「オレラシア」は、「野菜の」という意味。）	Ｌａｃｔｕｃａ
花	黄色い花	キクのような花
逸《いつ》　話《わ》	赤ちゃんがキャベツ畑で生まれる。（西洋の言い伝え）	レタスだけを使ったサラダを英語で「ハネムーン・サラダ」という。

(1) 次の文章は、キャベツとレタスについて書いたものです。〔　〕の中にあてはまる言葉をあとから選び、書きなさい。

キャベツとレタスは、見かけがよく似ているが、実際はまったく別の植物である。

まず、キャベツは、①〔　　　〕科の植物で、学名の一部でもある「②〔　　　〕」は、「野菜の」という意味である。それだけキャベツは野菜の王様であるということだろうか。日本では、赤ちゃんはコウノトリが運んでくるという話がよく知られているが、西洋では、赤ちゃんは「③〔　　　〕で生まれる」と言われているようだ。

一方、レタスはキャベツとはちがって、キクのような花をさかせる。買ってきたレタスの切り口を少し切ってみると、白い液体がにじみ出てくることがあるが、これはタンポポにも見られる特徴《とくちょう》で、④〔　　　〕科であることを物語っている。

キャベツとレタス、それぞれの違《ちが》いを楽しんでみてはいかがだろうか。

キク　　オレラシア　　キャベツ畑　　アブラナ

2 〔メモ〕次のメモは、小学校の近くにあるわかばスーパーの店長さんにインタビューをしたときのものです。このメモをもとに、スーパーをしょうかいする文章を書くことになりました。メモを読んで、あとの問いに答えなさい。

> わかばスーパーの店長さんにインタビュー
> 9月 12 日(水) 午後1時～
>
> 1．スーパーの営業時間について
> ・スーパーは朝の9時に開店，夜は 24 時まで開いている。
> →［ ① ］にも便利
>
> 2．商品の並《なら》べ方の工夫《くふう》について
> ・毎日，「目玉商品」を決めて，それを入り口近くに並べるようにしている。※目玉商品は，その季節でしゅんなものなど。
> ・おかしなどは，小さな子どもでも手がとどくように、低めのたなにも置くようにしている。
>
> 3．これから取り組みたいこと
> ・お年寄りなど，スーパーが遠くてなかなか来ることができない人のために，商品の配達も考えていきたい。

---

(1) ［ ① ］にあてはまる言葉を次から選び、記号で答えなさい。〔　　〕

ア 習い事などで帰りの早い人

イ 仕事などで帰りのおそい人

ウ 急な用事でいそがしい人

エ スーパーが好きで毎日来る人

(2) 次の内容をメモに付け加えることにしました。1．～3．の項目のうち、どこに付け加えるのがよいですか。数字で答えなさい。〔　　〕

・お客様が手に取りやすいように、商品がぐちゃぐちゃになっていないか時間を決めて確認《かくにん》するようにしている。

(3) このメモをもとに、わかばスーパーをしょうかいする文章を書きなさい。

〔　　　　　　　　　　〕

月　日
合格 80点　時間 30分
得点　点
答え⬇別さつ22ページ

1 次のグラフは「二〇一〇年七月　第二十二回参議院議員通常選挙における年齢《ねんれい》別投票率」を表したものです。これを見て、あとの問いに答えなさい。

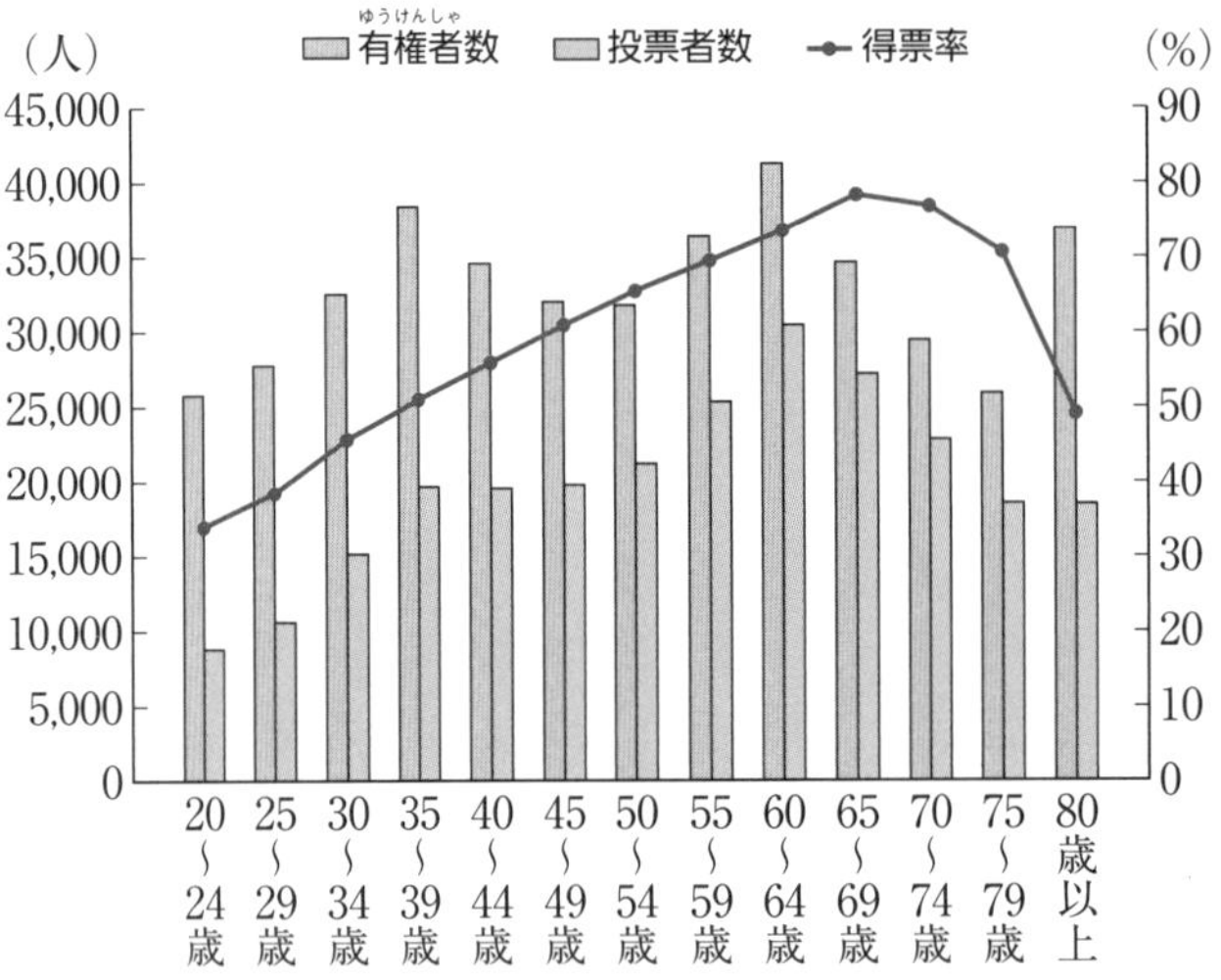

データ参照：第22回参議院議員通常選挙における年齢別投票率
財団法人明るい選挙推進協会(2010年7月)

(1) このグラフから読み取れる特徴的《とくちょうてき》な点について、説明しなさい。(20点)

〔　　　〕

(2) (1)で答えた特徴《とくちょう》を改善《かいぜん》するための工夫《くふう》として、考えられることを述べなさい。(20点)

〔　　　〕

〔春日部共栄中〕

2 次の文章を読んで、あとの問いに答えなさい。

北海商事株式《かぶしき》会社は、北海道の名産物を、各地に紹介《しょうかい》し、販売《はんばい》する会社です。大手百貨店の安田デパートから、「月末の休日に、新宿《しんじゅく》支店と池袋《いけぶくろ》支店で北海道物産展を行うので、カニ弁当を仕入れてほしい」と依頼《いらい》されました。

北海商事では、新宿支店の仕入れ販売を大西《おおにし》社員が担当《たんとう》し、新宿支店よりやや規模《きぼ》の小さい池袋支店の仕入れ販売は小池《こいけ》社員が担当することになりました。両支店での販売を終え、翌月《よくげつ》の月例報告会では、販売部長があとのグラフを示しながら、両支店での成果を社長に報告しました。

「大西社員は、販売用に500個のカニ弁当を発注し、小池社員は、450個のカニ弁当を発注しました。最終的に、新宿支店では、見事にカニ弁当は完売となりました。池袋支店では、20個の売れ残りが生じてしまいました。グラフは、九時の開店から十九時閉店《へいてん》までの、カニ弁当の売れ行き総数を示したものです。二人の社員の評価について、社長はいかがお考えになりますか」

この報告を聞いて、社長は、

「部長の報告は客観性に欠ける。君はすでに大西社員を高く評価しようとしているではないか」

と伝えたうえで、

「私《わたし》は、小池社員の方を高く評価する」

と答えました。部長が、

「新宿支店よりやや小さめの池袋支店でも、小池社員が、高い成果を上げたということがポイントでしょうか」

と尋《たず》ねたところ、
社長は、

「支店規模の問題ではない」

と告げ、自分の考えを示しました。

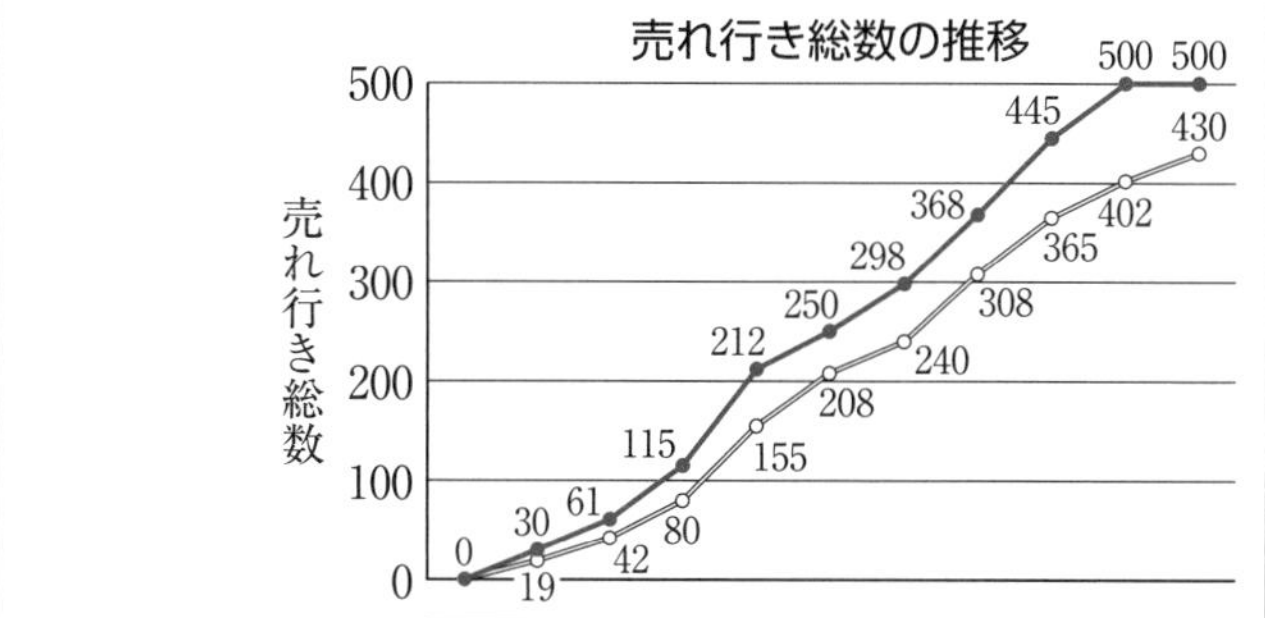

	9時	10時	11時	12時	13時	14時	15時	16時	17時	18時	19時
大西（新宿支店担当：500個発注）	0	30	61	115	212	250	298	368	445	500	500
小池（池袋支店担当：450個発注）	0	19	42	80	155	208	240	308	365	402	430

---

(1) 社長は、部長の報告のどの表現に、客観性に欠けたものを感じたのでしょうか。二つ探《さが》し出し、なるべく短い字数でぬき出しなさい。（20点／一つ10点）

〔　　　　〕〔　　　　〕

(2) 大西社員より小池社員の方を高く評価する社長の考えとは、どのようなものと考えられるでしょうか。「たしかに」「しかし」「一方」「したがって」の四つの言葉を、この順に、文の先頭に使って、四文で説明しなさい。（40点／一つ10点）

〔たしかに　　　　〕
〔しかし　　　　〕
〔一方　　　　〕
〔したがって　　　　〕

〔開成中〕

STEP 3

ステップ3

21〜23

月　日

時間 30分

合格 80点

得点　　点

答え⬇別さつ22ページ

1 次の文章を①〜③の点に気をつけ、マス目の使い方に注意して、写しましょう。（20点）

① 一番下のマスに句読点が入るとき
② かぎかっこのついた文を書くとき
③ 行を改めるとき

昨日の夜からずっと雨がふり続いています。

「明日の朝まで雨がふると、遠足は中止になってしまうのかなあ。」

小さな声で私《わたし》はそっとつぶやきました。

2 次の作文を読み、あとの問いに答えなさい。

A いよいよ明日は卒業式です。なんだかうれ
しいようなさびしいような複雑な気持ちです
。この製服ともあと一日でお別れです。
B 忘れられない思い出の一つに、初めてとび
箱がとべた日のことが思い出されます。
C 体育が苦手だった私は、いつもおそるおそ
るとび箱に向い、やっと箱にのっかるだけで
した。さっととびこえるみんなを横目で見な
がら、早くこの時間が終わることをねがって
いました。
D ある日、先生が、
「山田、残って練習してみないか。」
と、おっし《やっ》たときもしぶしぶ残ったくらい
でした。先生は、手を箱の前の方について思
いっきりとぶように、と、やさしく教えてく
ださいました。
E 何度か失敗し、半分泣きべそをかきながら
とんでいるうちに、気がつくと、箱をとびこ
え、すとんとマットの上に立っていました。
そのしゅん間、何が起こったのかわかりませ
んでしたが、友達のはく手を聞いて、どっと
うれしさがこみ上げてきました。
F 家に帰ってからも、うれしくてしょうがな
く、夕食の時、父に話すと、
「よくやったぞ。」
と、ほめてくださいました。
G 私にも、やればできるのだという勇気がわ
いてきました。

(1) A〜Dの段落《だんらく》の中に、漢字や送りがなのまちがっている言葉が三つあります。それぞれぬき出し、正しく書きなおしなさい。(15点/完答一つ5点)

□→□　□→□　□→□

(2) A〜Dの段落の中に、原こう用紙の使い方のまちがっているところが二か所あります。文中のまちがっているところを◎で囲みなさい。(10点/一つ5点)

(3) Bの段落には表現のおかしいところがあります。「忘《わす》れられない思い出の一つに、初めて」に続けて、正しく書きなおしなさい。(10点)

忘れられない思い出の一つに、初めて

〔　　　　〕

(4) 文中に敬語《けいご》の使い方のまちがっているところがあります。段落の記号を答え、まちがっているところをぬき出し、正しく書きなおしなさい。(完答10点)

〔段落〕　□→□

〔金光学園中〕

3 ——線の言葉に続けて、文をしあげなさい。そのとき、〰〰のついた言葉を、必ず使いなさい。(15点)

私は、動物の中でも、犬がいちばんすきです。でも、弟は、そうではありません。

なぜかというと、

重要

4 次の(1)・(2)をまとまった文章にするために、それぞれの文をならべかえ、□に番号を書きなさい。(20点/各完答一つ10点)

(1)

㋐ □ うさぎは、その大きな耳から熱をにがして体温を下げるのです。

㋑ □ つまり、うさぎの耳は、クーラーの役目をしているのです。

㋒ □ うさぎの耳は、なぜあんなに長く大きいのでしょうか。

(2)

㋐ □ その中に「駅のホームや公園にごみばこをふやしてほしい。」という意見があった。

㋑ □ 一人ひとりがごみを出さないこと、出したごみは持ち帰ることが、何より大切ではないだろうか。

㋒ □ けれども、ぼくは、捨《す》てる場所が少ないことよりもあたりかまわずごみを捨てる人たちこそ問題があると思う。

㋓ □ 先日、新聞の投書らんに『町を美しく』という投書が特集されていた。

総復習テスト①

月　日

時間 40分　合格 80点

答え⇩別さつ23ページ

得点　　点

1 次の文章を読んで、あとの問いに答えなさい。

〈「あたしは人生の美しさを増したいと思うの」とアンはゆめ見るように、「あたしは、自分がこの世に生きているために、ほかの人たちが、いっそうたのしく、くらせるというようにしたいの……どんなに小さな喜びでも幸福な思いでも、もしあたしが、いなかったらあじわえなかったろうというものを世の中へおくりたいの」

「君はもうすでに毎日、その願いを実現していると思うね」とギルバートは感動をこめて言った。

そのとおり、アンは生まれながらに【Ⅰ】であった。だれの生活の中でもアンはかならず、ほほえみと愛の一言を、日光のようにさしこませる。それを受けた人は、たとえその当座《とうざ》だけでも、人生を希望にみちた、美しい、善意《ぜんい》のあふれたものだと思うことができた。〉

（L・M・モンゴメリ作、村岡花子 訳「アンの青春」）

グリーン・ゲーブルスのとなりの農場でひとりぐらしをする①へんくつな中年ハリソン氏は、少女のアンを見てこうひとりごとを言います。

「わしは無愛想な、片意地《かたいじ》な人間だ。だがあの子にはなにか、わしをまた若《わか》がえった気持ちにするものがある。ときたま、こんな気持ちを味わうのは結構なことだ」

サマーサイドで校長をしている時のアンは、こんなふうにびょう写されています。

きょうのようなかがやく夏の日には、アンはいちばん美しく見えた。かの女は夏の日とともにかがやくかと思われ、こがね色の大気の中をギリシアのつぼからぬけ出たほっそりとした人かげのように動き回った。アンがはいって来ると、またとなく、うっとうしい部屋もかがやき……生き生きとなった。

アンが赤ちゃんの時、だれも知らないうちに天使がひたいにキスをしました。神さまが特別におつくりになった「光の子」のしるしとして。その人がいるだけで、その人のことを知っているだけで、なぜか心にあたたかい灯《ひ》がともる。そんな人のことを「光の子」とよぶのでしょう。

アンが孤児《こじ》として過ごした十年間、幼《おさな》い心が味わったにちがいない、さまざまな悲しみにも、アンの天性のすこやかさは少しも失われず、かえって人間の弱さを知り、それを受け入れて愛する子供に育ちました。

モンゴメリの作品『丘《おか》の家のジェーン』の主人公の少女ジェーンは、無意識にいつもこう聞きます。「何か、私《わたし》にできることはない？」母親以外のだれからも愛されていないと思っているさびしい少女が、自分と同じようにみじめな境ぐうの少女にはじめて出会った時に言う言葉です。もちろんジェーンはアンとはちがって、トロントのゆう福な家の一人むすめとして育てられています。けれど子供《こども》を幸せにするのに必要なのはお金ではありません。ジェーンはある意味では、アンよりも不幸だったかもしれません。アンはいろいろな人に愛されていたけれど、ジェーンはそうではなかったのですから。そういう少女の中にねむっているものが言わせる言葉だからこそ、すばらしいではありませんか。

モンゴメリ自身はクセのある人で、知れば知るほど好きになろうかどうしようか迷《まよ》いますが、その作品の中の少女たちに出会うたび、気持ちが少しずつ「好き」の方へ動きます。モンゴメリは決してアンでもジェーンでもないけれど、それだからこそ、私はこの少女たちに、たしかな実在感を感じるのです。

「どんな小さな喜びでも幸福な思いでも、もしあたしがいなかったら味わえなかったろうというものを世の中におくりたいの」

私《わたし》はこの言葉にアンと同じ年ごろの時に出会い、大きな感動を覚えました。「だれかに必要とされる喜び」。それのために行動することは美しいことです。その行為《こうい》はたいていひっそりとささやかで、とても地味です。

A時として「幸せ」を手わたしされた人が気がつかないことさえあります。でもその結果はどこかに、目に見えないところで光の言葉で書きしるされ、「②その人」を物語るでしょう。これは自分の生き方を示してくれる言葉だと思い、【２】。けれどあれから今日までの私が過ごした時間を思うと、本当にはずかしくなります。十九さいの時をピークに、私は自分がだ落する一方だと言うことを情けなく認《みと》めています。私はとてもアンのようにはなれませんでした。私の存在《そんざい》は、いつも他の人を幸せにしたわけではなかったし、「必要とされている」とわかっていても、それをやりとげるだけの力もなく、B背《せ》をむけることもたびたびでした。でも幸いなことに私はものを作る人間の③はしくれです。私自身はダメでも④私の作り出すものは……。私はあの日と同じくアンを愛しているし、アンの言葉のすばらしさにかけらほどの疑《うたが》いも持っていません。その証拠《しょうこ》に、私は今もその言葉をしっかりと心にきざんでいます。光の子にはなれなくても、それをあこがれる気持ちを絵にこめて、どこかのだれかに届《とど》けたい。

それにしてもアンはなんてすばらしい少女なのでしょう。かの女に導かれて幸せのある方向を知った人の数をかぞえようとしたら、その多さに気が遠くなりそうです。その人たちは物語の中だけではなく、こうして私たちのように、物語の外にもいるのですから。過去にも現在にも、そして【３】にも。

（永田《ながた》　萠《もえ》「夢みる少女」）

(1) 【１】に入れる言葉を文中から二字でぬき出しなさい。（5点）〔　　〕

(2) ――線①「へんくつな」と同じ意味の言葉を文中から四字でぬき出しなさい。（5点）〔　　〕

(3) ――線②「その人」とありますが、どのような人のことですか。次から選び、記号で答えなさい。（5点）〔　　〕

ア アンの生き方に感動し、それを書きしるす人
イ 人から幸せを与えられても、それに気づかない人
ウ 自分の幸せのためではなく、人を幸福にするために生きる人
エ 自分の人生とアンの人生をくらべて、反省する人

(4) 【2】にあてはまる文を、次から選び、記号で答えなさい。（5点）〔　　〕

ア 顔が真っ青になったものです。
イ 身ぶるいがしたものです。
ウ 肩《かた》をおとしてしまったものです。
エ 頭の中が真っ白になったものです。

(5) ――線③「はしくれ」にはどのような意味がこめられていますか。次から選び、記号で答えなさい。（5点）〔　　〕

ア ふつうのもの　イ すぐれたもの
ウ まれなもの　エ つまらないもの

(6) ――線④「私の作り出すもの」とありますが、それは何ですか。文中からぬき出しなさい。（5点）〔　　〕

(7) 【3】に漢字二字の言葉を書きなさい。（5点）□□

(8) ――線A「時として」、B「背をむける」の意味をそれぞれ次から一つ選び、記号で答えなさい。（10点／一つ5点）

A ア 場合によっては　イ 少しの間でも　ウ ちょうどその時に　エ いつでも　〔　　〕
B ア あきらめる　イ そむく　ウ うなだれる　エ はなれる　〔　　〕

(9) 作者の願いが最も強く表現されている文のはじめの五字をぬき出しなさい。（5点）□□□□□

〔同志社女子中〕

---

2 次の文章を読んで、あとの問いに答えなさい。

さて、もうひとつ思い出にあるのは、私《わたし》が大人になってからの出来事です。私の家庭の最初の子供《こども》は、光という男の子ですが、生まれて来るとき、頭部に異常《いじょう》がありました。頭が大小、二つあるように見えるほどの、大きいコブが後頭部についていました。それを切りとって、できるだけ脳《のう》の本体に影響《えいきょう》がないように、お医者さんが傷口《きずぐち》をふさいでくださったのです。

光はすくすく育ちましたが、四、五歳《さい》になっても言葉を話すことはできませんでした。音の高さや、その音色にとても敏感《びんかん》で、［A］人間の言葉より野鳥の歌を沢山《たくさん》おぼえたのです。そして、ある鳥の歌を聞くと、LPで知った鳥の名をいうことができるようにもなりました。①それが、光の言葉のはじまりでした。

光が七歳になった時、健常な子供《こども》より一年遅《おく》れて、「特殊《とくしゅ》学級」に入ることになりました。そこには、②それぞれに障害《しょうがい》を持った子供たちが集まっています。いつも大きい声で叫んでいる子供がいます。じっとしていることができず、動きまわって、机《つくえ》にぶつかったり、椅子《いす》をたおしてしまったりする子もいます。窓《まど》から覗《のぞ》いてみると、光はいつも耳を両手でふさいで、身体を固くしているのでした。

そして私は、もう大人になっていながら、子供だった時と同じ問いかけを、自分にすることになったのです。光はどうして学校に行かなければならないのだろう？　野鳥の歌だけはよくわかって、その鳥の名を両親に教えるのが好きなのだから、三人で村に帰って、森のなかの高いところの草原に建てた家で暮《く》らすことにしてはどうだろうか？　私は植物図鑑《ずかん》で樹木《じゅもく》の名前と性質とを確かめ、光は鳥の歌を聞いては、その名前をいう。家内はそのふたりをスケッチしたり、料理を作ったりしている。それでどうしていけないのだろう？

しかし、大人の私には③難《むずか》しいその問題を解いたのは、光自身だったのです。光は「特殊学級」に入ってしばらくたつと、自分と同じように、大きい音、騒音《そうおん》がきらいな友達を見つけました。そしてふたりは、いつも教室の隅《すみ》で手を握《にぎ》りあってじっと耐《た》えている、ということになりました。

[B]、光は、自分より運動能力が弱い友達のために、トイレに行く手助けをするようになりました。自分が友達のために役にたつ、ということは、家にいるかぎりなにもかも母親に頼《たよ》っている光にとって、[C]なのでした。そのうちふたりは、他の子供たちから離《はな》れたところに椅子を並《なら》べて、FMの音楽放送を聞くようになりました。

そして一年もたつと、光は、[D]よりも、人間の作った音楽が、自分にはさらによくわかる言葉だ、と気がついていったのです。放送された曲目から、友達が気にいったものの名前を紙に書いて持ち帰り、家でそのCDを探《さが》してゆく、ということさえするようになりました。ほとんどいつも黙《だま》っているふたりが、おたがいの間ではバッハとかモーツァルトとかいう言葉を使っていることに、先生方が気がつかれることにもなりました。

（大江《おおえ》　健三郎《けんざぶろう》「『自分の木』の下で」）

(1) [A]・[B]に入る言葉を次から選び、記号で答えなさい。（10点／一つ5点）

ア とうぜん　**イ** それでも　**ウ** そのため　**エ** さらに

オ とりあえず　**カ** まず　**キ** それなのに

A〔　　〕　B〔　　〕

(2) ――線①「それが……はじまりでした」の「それ」とは何を指していますか。十五字以内で答えなさい。（5点）

(3) ――線②「それぞれに」がかかる言葉を次から選び、記号で答えなさい。（5点）

ア 障害を　**イ** 持った

ウ 子供たちが　**エ** 集まっています　〔　　〕

(4) ――線③「難しいその問題を解いた」とありますが、

① 「その問題」を、文章中の言葉を使って「〜という問題」に続くように二十字以内で説明しなさい。（10点）

という問題

② 筆者は「光」のどのような変化を見て、「光」が問題を解いたと考えたのですか。〔　〕に入る言葉を書きなさい。（10点／一つ5点）

「光」が〔　　〕を通して〔　　〕に気づいていったこと。

(5) [C]に入る言葉を、次から選び、記号で答えなさい。（5点）〔　　〕

ア 大きな困難《こんなん》　**イ** 新鮮《しんせん》な喜び　**ウ** 新たな不安

(6) [D]に入る言葉を、文中から三字でぬき出しなさい。（5点）

〔三重大附中―改〕

1 次の文章を読んで、あとの問いに答えなさい。

ぼくは宝塚《たからづか》という町で育ちました。幼少年期《ようしょうねんき》をそこで過ごしたわけですが、〝いじめられっ子〟でしたし、戦争にも突入《とつにゅう》したし、すべてよいことばかりだったなんてとても言えません。［ A ］決して昔に戻《もど》りたいとは思いません。

［ B ］、いまから思うと、まわりに自然があふれていたことはありがたいことでした。幼《おさな》いころ、駆《か》けずりまわった山川や野原、夢中になった昆虫《こんちゅう》採集は、忘《わす》れられない懐《なつ》かしさと輝《かがや》きを、ぼくの心と体の奥《おく》深くに①植えつけてくれたのです。ぼくのペンネームの「治虫《おさむ》」も甲虫《こうちゅう》のオサムシになぞらえたものです。

子どものころの自然のすばらしさ、豊かさはいまでも鮮《あざ》やかに蘇《よみがえ》ります。

②ほんの少し以前まではどんな小さな町にも雑木林とか原っぱがあって、ガキ大将《だいしょう》といっしょに日暮《ぐ》れまで走りまわって遊べる③幻想《げんそう》の王国でした。そこは宇宙《うちゅう》基地でもあり、探検隊《たんけんたい》の行く④秘境《ひきょう》でもあって、空想がどこまでも広がっていく、無限の場所だったのです。

ちっぽけでも、あったかい家のすぐかたわらに、そんな場所があって、そこから子どもの夢は縦横《じゅうおう》にはばたき、まっすぐ宇宙をめざして飛び出していくことができたのだと思います。

林の向こうに真っ赤に大きく揺《ゆ》らめきながら沈《しず》んでいく夕日や、風のざわめき、青い空に高く流れる白い雲――⑤そんな自然にふれたとき、［ C ］幼くても、ぼくはいつもやさしい気持ちになっている自分を感じていました。大人になったいまだって、それは同じ。［ D ］みんなそうだろうと思います。

人間がどのように進化しようと、物質文明が進もうと、⑥自然の一部であることには変わりはないし、どんな科学の進歩も自然を否定《ひてい》することはできません、⑦それはまさに自分自身＝人間そのものの否定になってしまうのですから。

マンガの中で未来社会をずいぶん描《えが》いてきましたが、それはぼくの中の〝自然〟が土壌《どじょう》となって、宇宙の彼方《かなた》にも飛んでいく、あるいは小さな虫の中にも入りこんでいく想像力を育《はぐく》んでくれたからこそだと考えています。

豊かな自然の記憶《きおく》が、仕事に追いまくられる都市生活者となったぼくを、体の奥《おく》の湧《わ》き水のように潤《うるお》してくれているのでしょう。

（手塚《てづか》　治虫《おさむ》「ガラスの地球を救え」）

(1) ［ A ］～［ D ］にあてはまる言葉を次から選び、記号で答えなさい。（8点／一つ2点）

ア けれども　**イ** だから　**ウ** つまり　**エ** さて

オ　きっと　カ　ひょっとして　キ　たとえ

A〔　　〕B〔　　〕C〔　　〕D〔　　〕

(2)　――線①「くれた」の表現には、「植えつけ」たものに対する筆者のどんな気持ちがあらわれていますか。次から選び、記号で答えなさい。(5点)〔　　〕

ア　尊敬《そんけい》　イ　感謝　ウ　迷惑《めいわく》　エ　同情

(3)　――線②「ほんの少し以前までは」は、どこに直接かかりますか。次から一つ選び、番号で答えなさい。(5点)〔　　〕

1どんな　2小さな　3町にも　4雑木林とか　5原っぱが　6あって、7ガキ大将と　8いっしょに　9日暮れまで　10走りまわって　11遊べる　12幻想の　13王国でした

(4)　――線③について、

①「幻想の王国」はどんな場所をさして、このようにたとえて言ったのでしょうか。文中から十字以内でぬき出しなさい。(句読点はふくめない)(5点)

〔　　〕

②そこが筆者にとって、どうして「幻想の王国」であったかを述べたところがあります。「〜から」という言い方に続けられるように、文中から探《さが》し、はじめとおわりの三字をぬき出しなさい。(句読点はふくめない)(10点)

□□□〜□□□から。

重要

(5)　――線④「秘境」の意味を次から選び、記号で答えなさい。(5点)〔　　〕

ア　電気も水道もないような、たいへん文化のおくれている地域《ちいき》

イ　ふつうの人がほとんど行ったことのない、よく知られていない土地

ウ　私たちの社会から遠く離《はな》れた、夢のように楽しい世界

エ　宇宙の彼方の星

(6)　――線⑤「そんな自然」は、文中のどの部分をさしていますか。さしている部分のはじめとおわりの三字をぬき出しなさい。(句読点はふくめない)(5点)

□□□〜□□□

(7)　――線⑥について、何が「自然の一部であることに変わりはない」のですか。その何が、(主語)を書きなさい。(5点)

〔　　〕

(8)　――線⑦「それ」は何をさしていますか。文中から十字以内でぬき出しなさい。(句読点はふくめない)(5点)

□□□□□□□□□□

(9)　この文章には、次のような見出し(題)がついています。【○○】にあてはまる言葉(漢字二字)を文中からぬき出しなさい。(7点)

【○○】がぼくにマンガを描《か》かせた

〔　　〕

〔南山中男子部〕

2 次の詩を読み、あとの問いに答えなさい。

ゆずり葉

河合酔茗《かわいすいめい》

子供《こども》たちよ
これはゆずり葉の木です。
このゆずり葉は
新しい葉が出来ると
入れ代わってふるい葉が落ちてしまうのです。

こんなに厚い葉
こんなに大きい葉でも
新しい葉が出来ると無造作に落ちる
新しい葉に［　　］をゆずって――。

子供たちよ。
お前たちは何を欲《ほ》しがらないでも
すべてのものがお前たちにゆずられるのです。
太陽の廻《めぐ》るかぎり
ゆずられるものは絶えません。

輝《かがや》ける大都会も
そっくりお前たちがゆずり受けるのです。
読み切れないほどの書物も
みんなお前たちの手に受取《うけと》るのです。
幸福なる子供たちよ
お前たちの手はまだ小さいけれど――。

世のお父さん、お母さんたちは
何一つ持ってゆかない。
みんなお前達にゆずっていくために
いのちあるもの、よいもの、美しいものを、
一生懸命《いっしょうけんめい》に造っています。

今、お前たちは気が付かないけれど
①ひとりでにいのちは延《の》びる。
鳥のようにうたい、花のように笑っている間に
②気が付いてきます。

そうしたら子供たちよ。
もう一度ゆずり葉の木の下に立って
③ゆずり葉を見る時が来るでしょう。

(1) [　　] に入る言葉を詩の中から一語でぬき出しなさい。（3点）【　　】

(2) ——線①「ひとりでにいのちは延びる」とはどういうことですか。次から選び、記号で答えなさい。（3点）【　　】

ア 目に見えないものに支えられ人は生きている。
イ いつの間にか知らないうちに人は成長してゆく。
ウ 人はできなかったことが、いつかできるようになる。
エ くり返しくり返しして、人は豊かになってゆく。

(3) ——線②「気が付いてきます」とは、何に「気が付いて」いくのですか。[Ⅰ]～[Ⅲ]にあてはまる言葉を詩の中からぬき出し、文を完成させなさい。（9点／一つ3点）

Ⅰ【　　】 Ⅱ【　　】
Ⅲ【　　】

自分たちが[Ⅰ]を[Ⅱ]ているという[Ⅲ]に気が付いていく。

(4) ——線③「ゆずり葉を見る時」とはどのような時ですか。次から選び、記号で答えなさい。（5点）【　　】

ア 多くのものをゆずられて、大いなる満足感を得た時
イ 父母からゆずられる責任の重さにおしつぶされそうになる時
ウ 初めてゆずり葉を見た、子供のころの気持ちにもどった時
エ 大人に成長して、次の子供たちにすべてゆずることをさとった時

〔青山学院中〕

3

次の(1)～(5)の俳句《はいく》について、例にならって、季節を表す言葉をぬき出し、その季節がいつであるのか答えなさい。（5点／一つ1点）

（ことば）（季節）

例 ゆさゆさと大枝ゆるる桜かな 【桜／春】
(1) とっぷりと後ろ暮《く》れゐ《（い）》し焚火《たきび》かな 【　／　】
(2) 炎天《えんてん》の遠き帆《ほ》やわがこころの帆 【　／　】
(3) 菜の花や月は東に日は西に 【　／　】
(4) をりとりてはらりとおもきすすきかな 【　／　】
(5) ねむりても旅の花火の胸《むね》に開く 【　／　】

〔和洋九段女子中—改〕

4

次の各問いに答えなさい。

(1) 次の——線の言葉の言い切りの形（終止形）を書きなさい。（2点／一つ1点）

例 弟は本を読まない。→読む
① シャボン玉が空に飛んでいった。【　　】
② 弘子《ひろこ》ちゃんの返事はそっけなかった。【　　】

(2) （　）の語を正しい形にしなさい。（1点）

思う（ようだ）ならないからといって、腹《はら》を立ててはいけない。　［　　　］

(3) 次の物の数え方をあとから選び、さらに、例にならって全体の読み方をひらがなで書きなさい。（2点／一つ1点）

例 えんぴつ → 一〈本〉　読み方（いっぽん）

さしみ → 三〈　　〉　読み方（　　　）

丁　切れ　品　盛《も》り　枚《まい》

(4) 例にしたがって、「食べる」という語を(ア)動作をする人を尊敬《そんけい》する語、(イ)自分がへりくだった語にしなさい。（2点／一つ1点）

例 行く……　(ア) いらっしゃる　(イ) うかがう

食べる…　(ア)［　　　］　(イ)［　　　］

(5) 次の（①）～（③）に「日本」「気候」「は」「が」のどれか一つずつを入れなさい。（3点／一つ1点）

「日本は気候がおだやかだ。」という文の主語は（①）と考えられます。「おだやか」なのは（①）であって、（②）ではないからです。「お金は持っていない」という文の場合はもっとはっきりしていて、「お金」は主語ではありえません。こうしたことから、「（③）」という語は、主語を示すのではなく、何が話題になっているかを特に取り上げて示す語だと考えられます。

①［　　］　②［　　］　③［　　］

(6) 次の［　］にどういう言葉が入ると俳句《はいく》としてふさわしいものになりますか。［　］に入る語をあとから選び、記号で答えなさい。（1点）

一枚の［　　］のごとくに雪残る　［　　］

ア とうふ　イ もち　ウ 葉っぱ　エ かべ　オ 雲

(7) パソコンの変換《へんかん》ミスで次のような文ができました。漢字のまちがいを一か所見つけ、正しい漢字を書きなさい。（2点）　［　　］

郷里《きょうり》の親類からりんごが二箱とどけられたので、病気の両親に変《か》わって私《わたし》が礼状を書いて送った。

(8) 次はニュースなどでよく使われる外来語です。正しい意味をア～オから選びなさい。（2点）　［　　］

「グローバル」

ア 常識的な・普通《ふつう》の　イ 民主的な・公平な

ウ 環境《かんきょう》の・生命の　エ 世界的な・地球規模《きぼ》の

オ 豊かな・裕福《ゆうふく》な

（国府台女子学院中）

答え

小6 標準問題集 国語

5年の復習① 2・3ページ

1 (1)あんがい (2)きょうかい (3)きぜつ (4)せいつう (5)はんのう (6)せつび (7)きょか (8)こうか (9)ほご

2 (1)はぶ (2)かま (3)なさ (4)ま (5)いっしん (6)るすばん (7)じきゅうりょく (8)あんぜんちたい (9)こんざつ

3 (1)破 (2)敗 (3)慣 (4)観 (5)酸性 (6)賛成 (7)回答 (8)解答

4 (1)ぼくづくり(のぶん) (2)のぎへん

5 (1)損―得 (2)発―着 (3)往―復 (4)遠―近 (5)動―静

6 (1)3 (2)13 (3)5 (4)12 (5)4 (6)11 (7)7 (8)11 (9)5 (10)6

7 (1)ア (2)イ

考え方

1 熟語《じゅくご》の組み立て(同じ意味のものや反対の意味のものなど)を考え、読みを覚えます。

2 (1)～(4)送りがなのある読みに注意します。音読みとあわせて覚えましょう。

3 (2)は「負ける」という意味。(7)の「回答」は質問に答えるという意味。

4 (1)はつくり、(2)はへんの部首です。

5 二字の熟語で覚えておきます。

5年の復習② 4・5ページ

1 (1)費→比 (2)非→悲 (3)経→軽 (4)郡→群 (5)栄→営

2 (1)うねり (2)大波 (3)さざ波 (4)津波

3 (1)イ (2)オ (3)ア (4)カ (5)エ

4 (1)ア (2)ア (3)ア

5 (1)全然→例たいへん (2)いらっしゃった→いた (3)おっしゃって→申して (4)おずおずと→例はきはきと (5)回る→回らない

6 (1)カ (2)オ (3)イ (4)ウ

7 (1)イ (2)イ (3)ア (4)ア (5)イ

考え方

1 「費」は「費用」、「非」は「非難」、「経」は「経済《けいざい》」、「郡」は「郡部」、「栄」は「栄養」などと使われます。

2 波の様子です。それぞれどのような波を表す語か、確認《かくにん》しましょう。

3 手に関係する慣用句です。他のものも学習しておきましょう。

4 二つの言葉が合わさって、「チ・ツ」がにごるときは、「ぢ・づ」と書きます。「もと」+「つく」→「もとづく」など。

5 (2)・(3)家族のことを他の人にいうときには、そんけい語は使いません。

6 (1)板はもともと舞台《ぶたい》のこと。経験を積んでしっかり演技ができることから生まれた言葉。

(4)たがは桶《おけ》やたるなどのまわりにはめるもの。これがゆるむと、桶などがガタガタになることから生まれた言葉。

7 (5)「さびしい」も「悲しい」も同じような気持ちを表す言葉ですが、ここでは気持ちではなく、道の様子を表しています。「悲しい」にはそのような使い方はありません。

5年の復習③ 6・7ページ

1 (1)㋐めいしん ㋑宿命 (2)イ

(3)例潮の満ち引きを知り、食べものをいつ食べるとおいしいかわかること。

(4)リアルとの接触で得られた知恵。

ひっぱると、はずして使えます。

考え方

1 キーワードは実物教育です。これは自然の摂理《せつり》を学ぶために必要不可欠なもので、マニュアル化できない現象に対応できる考える力を養うことが大切だと筆者は言っています。

1 漢字の読み方

ステップ1　8・9ページ

1 (1)おおぜい　(2)こうしゅうでんわ　(3)すじみち　(4)きみのわるい　(5)はんしんはんぎ　(6)かんまつ　(7)たれさがって　(8)せいりょくてき

2 (1)しおかぜ　(2)まんちょうじ　(3)すう　(4)しんこきゅう　(5)ほねをおる　(6)こっかく　(7)すなば　(8)ぼうさりん　(9)そって　(10)えんどう　(11)おさない　(12)ようちゅう　(13)さがし　(14)なんきょくたんけんたい　(15)たてがき　(16)じゅうだん　(17)はげしい　(18)きゅうげき　(19)すがた　(20)ようし

3 (1)やくわり　(2)りゃくず　(3)とくい　(4)おうふく　(5)まよなか

4 (1)測った　(2)納める　(3)織る　(4)快適だ

考え方

1 (3)「筋道」はものごとの道。訓読みが二つ合わさっています。(7)「垂」の音読みは「すい」で「垂直」などがあります。

2 一つの漢字には音読みと訓読みがあることがほとんどです。(6)「骨」は、音読みでは「こつ」と読みますが、「骨折」などの熟語《じゅくご》では「こっ」となります。(20)「姿」(し)の読み方での熟語にはほかに「姿勢」などがあります。

3 (4)「往復」は反対の意味の組み合わせです。(5)「真」を含《ふく》む熟語には「真っ青」(まっさお)と読むものもあります。

4 (2)「収」は品物を収める、「治」は国を治める、「修」は学問を修める、というように使い分けます。

ステップ2　10・11ページ

1 (1)ちしお　(2)いどころ　(3)いしょう　(4)こうろん　(5)も

2 (1)永遠・えいえん　(2)境目・さかいめ　(3)派手・はで　(4)往路・おうろ　(5)単純・たんじゅん

3 (1)じょせつしゃ・のぞ　(2)きび・げんじゅう　(3)よ・てんこ　(4)あやま・ごさん　(5)けいしょう・きず　(6)にゅうぎゅう・ちち　(7)とうと(たっと)・そんちょう　(8)どうそうかい・まど　(9)こく・きざ　(10)うたが・ぎもん

4 (1)けいこうとう　(2)おど　(3)げねつ　(4)きり　(5)わき　(6)ふとん　(7)はな　(8)とだな　(9)かいどう　(10)こうご

5 (1)天・てん　(2)明・みょう　(3)一・いっ　(4)舌・した　(5)計・けい

6 (1)髪・ききいっぱつ　(2)異・だいどうしょうい　(3)体・ぜったいぜつめい　(4)断・ゆうじゅうふだん

考え方

1 (1)「血潮」は激しい、情熱的という意味で、訓読みの組み合わせです。(2)「居所」の「所」は「どころ」と読みます。(4)「口」は「こう」と読みます。「口頭」などがあります。

2 「簡潔」はよくまとまっているという意味があります。よく似た意味をもつ熟語《じゅくご》は、同じ漢字が使われることが多いものです。まとめて覚えるようにしましょう。

3 一つの漢字を音読みと訓読みで読みます。文での使われ方を考えて、読み分けます。

4 (1)「灯」は「灯台」(とうだい)があります。(3)「解熱」は「下熱」とは書きません。「解」

を「げ」と読むのは小学校では習いませんが、「解熱剤《ざい》」として日常使われているので読めるようにしておきましょう。⑹「布団」の「団」も習いませんが、覚えておきましょう。

5 ⑵⑶「あさって」は「明後日」、「あす」が「明日」、「きのう」は「昨日」、「おととい」は「一昨日」となります。

6 ⑵大同小異は同―異が反対の語。⑶「ぜったい」だけなら「絶対」ですが、「絶体絶命」は「体」です。「命」と対応しています。

ここに注意 6 熟語の読み方は組み立てを考えながら読みます。熟語のしりとりで練習することも役に立ちます。

2 漢字の書き方

ステップ1 12・13ページ

1 ⑴机 ⑵操縦 ⑶降 ⑷忘 ⑸姿 ⑹垂 ⑺脳 ⑻臨海

2 ⑴ア ⑵イ ⑶ア ⑷ア ⑸イ ⑹ア ⑺ア

3 ⑴4 ⑵19 ⑶18 ⑷11 ⑸10 ⑹7 ⑺8 ⑻14 ⑼10 ⑽15 ⑾8 ⑿14 ⒀9 ⒁6 ⒂15 ⒃14

4 ⑴6 ⑵6 ⑶10 ⑷4 ⑸12 ⑹13 ⑺8 ⑻3 ⑼4 ⑽1 ⑾8 ⑿4

5 ⑴さんずい ⑵いとへん ⑶たけかんむり ⑷りっとう ⑸くち ⑹てへん ⑺ぎょうにんべん ⑻にんべん ⑼さんずい ⑽こざとへん

6 ⑴①木 ②田 ⑵①月 ②广

考え方

2 大原則の「上から下へ」「左から右へ」にもとづくようにします。

4 ⑵窓の厶は、ㄥで一画です。筆順の復習をしておきましょう。

5 ⑼「測」は、さんずいです。

6 ⑵①は「にくづき」、②は「まだれ」がつきます。

ステップ2 14・15ページ

1 ⑴〇 ⑵〇 ⑶〇 ⑷く 女 女 好 好 ⑸〇 ⑹〇 ⑺冂 冂 冎 冎 骨 骨 骨 骨

2 ⑴イ ⑵カ ⑶コ ⑷ク ⑸ウ ⑹オ ⑺キ ⑻ア ⑼ケ ⑽エ

3 ⑴8、くうかん ⑵11、しや ⑶11、しゅくめい ⑷18、かんそく ⑸10、そしつ ⑹9、どくとく ⑺7、しよく ⑻11、けいけん ⑼15、けんりょく ⑽17、げんかく ⑾9、はせい ⑿14、せいみつ

4 ⑴やまいだれ、12、例痛感 ⑵くちへん、8、例呼応 ⑶ごんべん、14、例誤解 ⑷のぎへん、12、例税金 ⑸りっとう、12、例創作 ⑹うかんむり、8、例宗教 ⑺えんにょう、9、例建設 ⑻くにがまえ、7、例困難 ⑼りっとう、6、例列強 ⑽あめかんむり、13、例電気

5 ⑴ウ ⑵オ ⑶エ ⑷ア ⑸イ

6 ⑴心(こころ) ⑵艹(くさかんむり) ⑶糸(いとへん) ⑷宀(うかんむり) ⑸灬(れんが) ⑹禾(のぎへん) ⑺口(くち) ⑻貝(かい) ⑼囗(くにがまえ) ⑽石(いしへん)

考え方

1 ⑹「存」は、横画から書きはじめます。

2 ⑴「おおざと」は阝、⑸「ふるとり」は隹。

4 ⑵「呼」は「くちへん」、⑼「列」は「りっとう」。

6 ⑴は、わすれる、⑶は、むすぶ、⑻は、まずしい、⑽は、すな。

3 熟語の意味と組み立て

ステップ1 16・17ページ

1 ⑴オ ⑵ア ⑶ウ ⑷イ ⑸カ

❷ (1)短所 (2)原因 (3)戦争 (4)支出
(5)成功 (6)前進 (7)静止 (8)開会
(9)害虫 (10)不幸 (11)欠席 (12)勝利
(13)人工 (14)輸出 (15)退院 (16)消極
(17)北極 (18)下水

❸ (1)西洋―東洋 冬至―夏至
姉妹―兄弟 形式―内容
男子―女子
(2)肉体―精神 本店―支店
山陰―山陽 春分―秋分
祖先―子孫

❹ (1)シ (2)ケ (3)イ (4)オ (5)ア (6)コ
(7)エ (8)ウ (9)カ (10)ソ (11)サ (12)キ
(13)ク (14)ス (15)セ

❺ (1)イ (2)エ (3)ア

❻ (1)権 (2)域 (3)優 (4)就

❼ (1)不 (2)無(未) (3)非 (4)非
(5)非(不) (6)無 (7)未 (8)無 (9)未
(10)非 (11)無 (12)不

考え方

❸ 漢字の意味を考えると、その結びつきがわかります。

❹ **ア**参観は、実際に見ること、**コ**平素は、日ごろ。

❼ (5)非合理と不合理では意味が異《こと》なります。

ここに注意 ❹ 熟語《じゅくご》の意味もいっしょに覚えるようにしましょう。「刊行」は、書物等を発行すること。「故国」は、ふるさとの意味をもちます。

ステップ2 18・19ページ

❶ (1)放 (2)国 (3)築 (4)公 (5)否 (6)単
(7)軽 (8)乗(2・6・8)などは例

❷ (1)案 (2)達 (3)論 (4)格 (5)則 (6)解
(7)産 (8)停 (9)強 (10)感

❸ (1)長所(美点) (2)容易 (3)清潔
(4)改築 (5)未知 (6)省略 (7)迷子
(8)委任 (9)永久(永遠) (10)口調

❹ (1)キ (2)セ (3)オ (4)シ (5)カ (6)ケ
(7)ソ (8)エ (9)ア (10)イ (11)サ (12)コ

❺ (1)アエ (2)イエ (3)アオ (4)イウ

❻ (1)留 (2)本

❼ ウ

❽ (1)済 (2)己 (3)遺 (4)口 (5)探 (6)論
(7)夕 (8)材 (9)捨 (10)務 (11)順 (12)断
(13)制 (14)刻 (15)意

考え方

❶ 否定は下の意味を打ち消し、勝敗は、反対の意味の漢字を組み合わせています。失業は、下の字が上の字を説明しています。

❷ 「議・討・言」は、会議に関係のある言葉、「車・止・電」は車に関係のある言葉というように考えて、共通の漢字を考えます。

❹ **ウ**温暖《おんだん》と**ク**低地と**ス**革新《かくしん》がどれにもあてはまりません。

❺ (2)休日と休養は、「休みの日」と「体を休める」というちがいがあります。(4)「安心」と「不安・心配」は反対語になります。

❻ (1)書留(かきとめ)、保留(ほりゅう)、留意(りゅうい)、留守(るす)になります。

❼ 短縮―延長は反対の熟語です。それに合うのが**ウ**です。

❽ 月だけ不要です。よく意味を考えて入れましょう。

ここに注意 ❷ これらは、一字の漢字の意味を考えていくとよいでしょう。ただ、熟語になったとき、読み方が変わってくるので注意する必要があります。

1~3 ステップ3 20・21ページ

❶ (1)ア (2)ア (3)イ (4)ウ

❷ (1)補欠 (2)築 (3)姿勢 (4)解除
(5)発揮 (6)提供 (7)綿密 (8)温泉
(9)独創 (10)規律

❸ (1)会社 (2)A四苦八苦 B大同小異
(3)a事業 b困難 c核心

❹ (1)月・エ
(2)亠・イ

(3)隹・オ

5 (1)コ (2)カ (3)エ (4)オ (5)ア (6)キ

6 (1)一・二・オ (2)十・十・ウ

考え方

1 (1)アが治める 他は収める (2)アが就く 他は着く (3)イが推す 他は押す (4)ウが聞く 他は利く

3 (1)企業《きぎょう》は会社と同義ですが、企業の方が広い意味で使われます。(2)針小棒大はおおげさなこと、百発百中は一度もはずれないという意味です。

4 (1)「服」の部首は、「つきへん」ですが、「腹」など体に関する漢字の部首は「にくづき」です。

5 ものを数えるときの言葉はたくさんあります。主なものを自分なりにまとめておきましょう。

6 漢数字の入った四字熟語も多くあります。二字の言葉が組み合わさってできていることがありますから、それぞれの意味をつかむことです。

4 言葉の意味

ステップ1 22・23ページ

1 (1)ア (2)イ (3)イ (4)ウ

2 和語(イ・ウ) 漢語(ア・エ・オ)

3 (1)ア (2)ア (3)イ (4)イ (5)イ (6)ア (7)ア (8)ア (9)イ (10)ア (11)ア (12)イ

4 (1)早い (2)黒い (3)高い

5 (1)エ (2)カ (3)ア (4)キ (5)ウ

6 (1)根気 (2)得意 (3)失敗 (4)小差

7 (1)ク (2)シ (3)ケ (4)コ (5)サ (6)カ (7)タ (8)キ (9)ス (10)ソ (11)セ (12)ウ (13)オ (14)ア (15)エ

考え方

1 言葉の感覚をみがく練習です。(1)は白雲の様子ですから「ぽっかり」、(2)日ざしがふりそそぐ場合は「やわらか」、(3)雪がくずれる音は「かすか」、というように考えます。

2 漢字は中国から入ってきた言葉ですので、音読みは漢語、訓読みは和語と考えればよいでしょう。たとえば、「年月」を和語では「としつき」、漢語では「ねんげつ」と読みます。

3 熟語《じゅくご》の漢字を理解する手がかりは、この下から上へ、あるいは上から下へと意味がつながる組み合わせをおさえることです。たとえば、「決心」は心を決めるという意味で、下から上へつながる組み合わせです。

4 慣用句です。人間の体に関係する言葉はたいへん多いので、まとめておきましょう。

5 他に、手を切る、手があく、手をつくす、手に落ちるなどがあります。

6 (1)修行とも考えられますが、ここは根気。(2)成功とも考えられますが「取ったよう」で得意となります。(3)「猿《さる》も木から落ちる」と同じような言葉です。(4)「競争」とまちがえないことです。

7 イにあたるものはありません。イは、「わりを食う」といいます。(15)「寒心」とは、おそれてぞっとすることです。

ステップ2 24・25ページ

1 (1)うれしい、喜ぶ、悲観 (2)政党、治める、政府 (3)宣伝、報道 (4)腸、胃 (5)走る、遊ぶ

2 (1)ウ (2)ア

3 (1)白—エ (2)赤—ア (3)黒—カ (4)紅—ウ (5)青—キ

4 異口同音

5 (1)ウ (2)ア (3)カ (4)エ (5)イ (6)オ

6 (1)ウ (2)オ (3)カ (4)エ

7 (1)ウ (2)サ (3)コ (4)ス (5)イ (6)チ (7)ク (8)シ (9)ト (10)ア (11)テ (12)キ (13)ソ (14)ツ (15)オ (16)セ (17)ケ (18)タ (19)エ (20)カ

考え方

1 「悲観」は人の気持ちを表す言葉。

2 体の部分では、胸を張る、胸がやける。心では、胸に秘《ひ》めるなどもあります。「胸」に対する言葉の感覚は(1)は直接的な体の意

味を表し、(2)は胸＝心の言語感覚を表しています。

3 (1)「紺屋《こうや》」は染物屋《そめものや》のこと。(4)「一点」は女性のことで「紅《こう》」を使います。(5)「二才」は青年のことで「青」です。

4 順に、口は災《わざわ》いのもと、弱音をはく、縁《えん》は異なもの味なもの、一心同体です。

5 身体に関係のある慣用句です。

6 (1)は前もって用意ができていれば、心配はいらないこと。(2)は何を言われても、されても、平気でいること。(3)は自分のした悪い行いのために、自分が苦しむこと。(4)はよく考えず、人のあとについて行動することです。

7 (8)「木で鼻をくくる」は、ひどく冷たいこと、(18)「雪とすみ」は、大変ちがうことです。

5 古典に親しむ

ステップ1 26・27ページ

1 (1)(名前)讃岐の造　(仕事)竹から、様々な道具を作る仕事
(2)(どこで)竹の林　(何を)根本が光る竹
(3)竹の筒の中が光っていた。
(4)たいそうかわいらしい姿
(5)①様々な　②不思議に思って

2 (1) ①エ　②ウ　③ア　④イ　(2)ウ

考え方

2 古典でも、季節感は現代とあまり変わりません。昔のこよみでは、お正月は今の節分にあたります。日にちは、昔のこよみよりも今のこよみのほうが、おおよそ一か月ずれています。昔のこよみでは、季節は、一～三月が春、四～六月が夏、七月～九月が秋、十月～十二月が冬です。

ステップ2 28・29ページ

1 (1)鎌倉(時代)
(2)A　イ　B　ア
(3)例 当時の人々は、戦乱の世の中で生きていて、毎日が人間の命のはかなさを感じる日々であり、それが『平家物語』の「諸行無常」に通ずるから。

2 (1)キ　(2)ク　(3)エ　(4)ケ　(5)カ　(6)イ　(7)コ　(8)ア　(9)ウ　(10)オ

3 (1)カ　(2)エ　(3)イ　(4)ア　(5)オ　(6)ウ　(7)キ

考え方

1 (3)「それは……からだと考えられます」と理由が述べられています。

2 言葉を文にしたり、疑問の文を考えたりして意味を考えることです。「犬も歩けば棒にあたる」はどんな棒にあたるのか、とか「窮《きゅう》すれば通ず」は何が通じるのだろうかというように考えていきます。

3 何かのいわれがあってことわざや故事成語ができているので、その部分を考えると意味もわかってきます。

ここに注意　**1** よく知られた古典は、最初の文を暗記するぐらいに読み込《こ》むことが大切です。それぞれ独特のリズムがありますので、それを味わいましょう。

6 言葉のきまり

ステップ1 30・31ページ

1 (1)エ　(2)イ　(3)ア　(4)オ　(5)ウ

2 (1)だから　(2)でも　(3)ただし　(4)それとも

3 (1)だろう(にちがいない)　(2)らしい(ようだ・そうだ)　(3)ない　(4)ろうか　(5)かもしれない　(6)ください　(7)のだろう(のか)　(8)だろう　(9)のだろう　(10)まい(な)

4 (1)カ　(2)ウ　(3)ア　(4)オ　(5)エ　(6)イ

5 (1)けれど　(2)ので　(3)ので

6 (1)へ (2)に (3)は、が (4)も、し
(5)しか、ので (6)だけ (7)さえ

7 (1)が (2)し (3)と (4)て

考え方

1 順接と逆接に分けて考えます。「けれども」が逆接です。

3 助動詞や助詞の使い分けです。「どうやら→らしい」のように上の言葉と呼応《こおう》しています。

4 「ところで」は、話題が変わるときに使われます。

5 「ので」は理由を説明しているときに使われます。

6 （　）に言葉を入れたあと、よく文を読みましょう。

ここに注意 4 「それで、すると、そして」は、さらに続ける言葉、「しかし」などは反対の内容をつなげる言葉です。

ステップ2 32・33ページ

1 (1)エ (2)オ (3)ウ

2 (3)

3 (1)ウ (2)イ

4 (1)イ (2)オ (3)ウ (4)エ

5 例(1)カレーにしようか。
例(2)みんなで役割を決めた。
例(3)とちゅうでサイフを落とした。
例(4)見せてください。
例(5)めざす建物が見えた。

考え方

1 (1)は、主語の「が」、(2)は体言を説明する「の」、(3)は接続語以外のものを探《さが》します。

5 (1)「それとも」は並列《へいれつ》になるので、サンドイッチと対等のものをもってきます。(2)「そこで」は続くかたち。(3)「ところが」は展開が変わる続き方になります。(4)「ですから」は前文の理由を受ける続き方になります。(5)「すると」は普通《ふつう》に続く形です。

ここに注意 3 (1)「学校のみんなと遊ぶ」のとは、「ともに」の意味。(2)「男らしい」は様子を表します。
5 接続語の役割《やくわり》をまとめておきましょう。特に、前後の文の意味を理解した続き方に注意します。

7 文のしくみ

ステップ1 34・35ページ

1 (1)①列車は ②はなれた
(2)①人たちが ②乗った (3)ウ (4)ウ

2 (1)カ (2)イ (3)オ (4)イ

3 (1)× (2)○ (3)○ (4)× (5)× (6)○

4 (1)花(が) (2)帰って行く
(3)落ちてきた (4)日ざし(を)
(5)泳いでいる (6)集合した

5 (1)(修)友だちといっしょに (主)弟は
(述)出かけ、(修)母に (修)買い物
を (主)ぼくは、(述)たのまれた
(2)(主)母が (述)作った (主)お弁当
は (修)とても (述)おいしい

考え方

3 (4)「きみの」の述語は「作った」です。この文では、「すばらしいね」(述語)と、「作品は」(主語)が倒置《とうち》しています。

5 (1)は重文、(2)は複文です。

ここに注意 5 文の組み立てを図に表すことはいいことです。特に、どれが修飾語《しゅうしょくご》なのかを区別することが大切です。

ステップ2 36・37ページ

1 (1)③ (2)③ (3)④

2 (1)イ (2)ウ (3)イ

3 (1)主語③ 述語⑤ (2)⑪

4 ②→⑦ ③→④

5 (1)ア (2)ウ (3)オ (4)エ (5)イ

6 A㋐日本人が ㋑得意とする
㋒ものの ㋓マラソンは
㋔一つである。

B㋐苦しみに　㋑たえぬく　㋒精神を　㋓やしなう点では　㋔マラソンは　㋕代表的なものといえよう。

7 (1)エ　(2)カ　(3)ア　(4)ウ　(5)キ

8 (1)ウ　(2)イ　(3)ア　(4)ウ

考え方

4 「むっつりと」は、主語の様子を表しています。

6 Bは、「では」でまとめています。

7 イオクがあてはまりません。

ここに注意 **6** はじめに、主語を探《さが》してみましょう。Bの主語は、「マラソンは」です。

4～7 ステップ3

38・39ページ

1 (1)石　(2)水　(3)川　(4)馬　(5)山　(6)人

2 (1)イ　(2)ア　(3)エ　(4)ウ　(5)オ

3 ないだろう

4 (1)ア・オ　(2)エ・オ　(3)イ・オ

5 (1)オ　(2)イ　(3)エ　(4)ウ　(5)オ

6 (1)やめさせ　(2)させ　(3)いわせる　(4)くませ　(5)とまどわせ

考え方

2 自分に近いものを指すときは「こ」、相手に近いものを指すときは「そ」、自分からも相手からも遠いものを指すときは「あ」、よくわからないものを指すときは「ど」から始まる「こそあど言葉」を使います。

5 「おそらく」「たった」はあとに続く言葉が「だろう」「しか」などに限られてきます。

6 「させる」は使役《しえき》の意味をもっています。

8 生活文を読む

ステップ1

40・41ページ

1 (1)転校　(2)習字のじゅく　(3)習字　(4)例別れるのがつらくて悲しいから。　(5)まちがいだったらええのに、まちがいでありますように

2 (1)①イ　②ウ　③ア　(2)末っ子で、みんなからあまやかされて育ったため。　(3)イ

3 (1)風船バレーボール　(2)たかし君のいい面をみたこと　(3)例いつもやんちゃで、たかし君にはいい感じをもっていなかったが、しょうま君へのかかわりをみて、いいところもあるのだと思った。

考え方

1 (1)引《ひ》っ越《こ》しが決まったことを友達に伝えている場面であることを読み取ります。二字で書くように求められているので、答えは二行目の「転校」であることが分かります。(2)(3)末重《すえしげ》君の会話の中に「習字が書けんようになる」とあることから考えます。(4)友達が転校してしまうと知ったとき、末重君はどう思ったのかを考えます。三行目に「みんな書くのをやめて、びっくりしたような顔をした」とあることや、末重君がそう「言ったきり口をとじてしまった」とあることもヒントにして、友達との別れを悲しんでいる様子を読み取ります。(5)十六行目に「と、心の中で」とあるので、「まちがいだったらええのに、まちがいでありますように」の部分が心の中で思っていることだと分かります。

2 (1)まず、文のつながりから③にはアしか入らないことが分かります。次に①②に「らしい」と「そうだ」を入れてみると、どちらを入れた場合も文章のつながりはおかしくないことが分かります。その場合は文章の内容をしっかりと読み取ることがポイントになります。「らしい」も「そうだ」も伝聞を意味しますが、「そうだ」のほうがより断定的で確実な内容の伝聞であり、「らしい」のほうは「そうだ」よりも少しあいまいさ、ばく然さ、推量《すいりょう》の意味合いがふくまれています。これらをふまえて、まず②には「母」のはっきりした経験による確実な内容の伝聞であるウの「そうだ」が入ると分かります。次に①にはややばく然とし

た内容の伝聞であるイの「らしい」が入ると判断します。(2)短い文章ですが五行目の終わりから「これは〜〜ため」と理由とまとめが書かれていることを読み取ります。(3)何について書かれているかを正確につかみましょう。冒頭《ぼうとう》の一文もヒントになります。

3 (1)「バレーボール」だけでなく正確に「風船バレーボール」と答えるように気をつけましょう。(2)作者が何に感動してこの文章を書こうと思ったのかを読み取ります。この文章では、おもにたかし君の様子が書かれていることからも、最後の一文「私は、たかし君のいい面をみた思いだった」が、作者が感動した内容であることが分かります。(3)作者が今までたかし君をどのように思っていて、風船バレーボールをきっかけに、たかし君をどう思うようになったのかを考えて、自分の言葉でまとめます。三行目の「いつもやんちゃな」という表現から、今までどう思っていたのかを読み取ります。

ステップ2　42・43ページ

1 (1)イ　(2)エ　(3)ウ　(4)エ　(5)ア

考え方

1 (1)直子の迷子《まいご》になったときの心情を考えましょう。しだいに不安が大きくなる様子を表現していることが分かります。(4)父の何事もなかったような、いつもと変わらない言葉で、直子がようやく安心した気持ちになったことを読み取ります。

ここに注意　1 (2)大きくなり続ける不安の中、ようやく父と母の姿《すがた》を見つけて安心した気持ちを読み取ります。——線の前の「わたしはぺたんと坐《すわ》りこみ」も、緊張《きんちょう》がゆるんだ様子を表しているので、選択肢《せんたくし》をしぼり込《こ》む際の手がかりとします。(3)凧《たこ》上げをしているときに糸が切れてしまったらどうなるかを想像し、選択肢からその様子を表すものを選びましょう。(5)主人公は「わたし」ですが、この文章の題を考えるときには、わたしに関するソラマメがだれのものであったかに注意しましょう。

9 物語を読む ①

ステップ1　44・45ページ

1 (1)近くで、さ
(2)ウ　(3)エ　(4)イ
(5)(権太の言うこと)叱られるか〜は、ダメだ
(耕作の考えていること)誰でもみん〜ったりする

考え方

1 (1)「人けがなくあたりがひっそりと静まりかえっているようす」と説明がありますが、ここでは人の気配がないからこそ、ふだんよりも郭公《かっこう》の鳴く声がより際立っていることを表現しているのだと読み取ります。(2)「大みえを切る」の「みえ」とは、歌舞伎《かぶき》で役者がとる決めポーズ(見得《みえ》)のことで、役者がここぞという場面で特に大きな動作で見得を演じることを「大見得を切る」といいます。そこから、「自信のあることを強調するために大げさな言動をとること」を意味し、またそれとは逆に「出来もしないことを出来るように言う」ことの意味でも使われます。ここでは、——線のあとに「やっぱり叱られるのはいやだ」とあることからも、ウの「いい所を見せようとして無理をすること」であることが分かります。(5)権太と耕作それぞれの言葉の中から、三十字以内という字数制限に合う部分をていねいに探《さが》し出しましょう。

ここに注意　1 (3)「あてはまらないもの」を選ぶことに注意しましょう。まず、耕作《こうさく》の言葉をしっかりおさえましょう。さらに、耕作は手伝っているところを先生に見つかることをしきりに心配していることを読み取ります。エの「ちょっとでも早く帰りたい」はあてはまるように思えますが、「することはした」の部分が、まだ机拭《ふ》きをしていないのであてはまらないと判断します。(4)このあと権太《ごんた》は、耕作の考えに反対していることから考えます。

ステップ2　46・47ページ

1 (1)ウ　(2)エ　(3)イ

考え方

1 (1)「もの(物)になる」の意味を正確に理解しましょう。「ものになる」とは、「習ったり学んだりしたものが、立派《りっぱ》に使いこなせるようになる。仕事であれば、その道で食べていけるようになる。」という意味。ここでは父親に対して「ものになんなかったから?」とあまりにも配りょのない質問をしてしまったことを、言ってすぐに気づき、「しまった…」と思っている様子を読み取ります。(2)父の言葉から、かつての父の考え方やその変化の過程《かてい》、一つ一つの言葉の意味している内容をしっかりおさえます。弟子《でし》があっという間に彫《ほ》り上げた観音像《かんのんぞう》を見せられた父は、「見事だ、おれはお前にかなわない」と認《みと》めたのに、弟子は父の目の前でその観音像を火の中に放り込《こ》んでしまいます。そんな失礼な行動にも腹《はら》を立てるどころか、父はすっきりと「実にさばさばした」気持ちになり、あとを任せることを決心しています。エの「体面をけがすは、「人が世間に対して持っているほこりや名誉《めいよ》を傷《きず》つけられる」という意味です。(3)——線の直前に「結局のところ、自分のために生きなきゃならんという思い込みが自分をがんじがらめにしてたんだってことが、よくわかった」とあります。

10 物語を読む②

ステップ1　48・49ページ

1 (1)ア　(2)祖父(おじいさん)　(3)イ
(4)ウ

2 (1)命ある宝の玉
(2)玉虫のはねをとり、厨子にはりつけること。(20字)
(3)イ・エ

考え方

1 (1)——線のあとの「〜にちがいないと予感していたその作品」とあることもヒントになります。(2)長い一文ですが、ていねいに文章を読み、出てくる人物の関係をはっきりさせましょう。祖父は孫の作品に、自分の作曲の一部を入れたいと考えていたのです。(3)この文章をとおして書かれている内容を探《さが》し出します。祖父はどういった願いから、何をしたいと考えているかを読み取ります。(4)——線のあと「なぜなら〜」は作者の意見であることを読み取ります。

2 (1)「金よりもたっとい金」、「命ある宝の玉」が玉虫のすがたを言い表していますが、六字の字数制限があるので「命ある宝の玉」が正解と分かります。(2)そもそも若麻呂《わかまろ》はどうして途方《とほう》にくれていたのかを、(　)に書かれている部分に注意して読み取ります。そして、何をヒントにして、どうすることをひらめいたのかを制限字数内でまとめます。(3)最終段落《だんらく》に「美しいもの」とはどういったものであるかがまとめられています。アの「あこがれの中にあった」、ウの「外見に表れているのではなく、内面にひめられていた」という部分があてはまらないので、正解はイ、エとなります。

ステップ2　50・51ページ

1 (1)ウ
(2)[例]顔淵が、自分の言葉をどう感じているかを知りたかったから。(28字)
(3)Aイ　Bア　(4)ウ
(5)自負心　(6)イ

考え方

1 (1)「いつものように謙遜《けんそん》な態度で」とあることから、顔淵《がんえん》の性格を推測《すいそく》してみましょう。「謙遜」とは「ひかえ目なつつましい態度であること」を言います。(2)子路《しろ》は自分の述べた理想を顔淵がどう思っているかが気になっています。——線の次の段落《だんらく》に「けれども、子路としては、孔子《こうし》がどう思っているかが、もっと心配であった」とあることから、顔淵がどう思っているかが気になることと比べて、それよりももっと孔子がどう思っているかが気になっている、というように読み取った上で、「顔をのぞいてみた」理由を制限字数にあわせてまとめます。(4)――線よりも前の部分には、子路が自分の言葉を孔子がどう思っているのかが心配で、じっと言葉を待っている様子が書かれています。選択肢《せんたくし》を選ぶときには、しっかり本文と読み比べて、本文で書かれていない内容をふくむ選択肢を選んでしまわないように注意しましょう。(5)孔子が「捨てきらない」ものではなく、子路が「捨てきらない」ものであることを読み間違《まちが》えないように気をつけましょう。「三字で」あることをヒントに探《さが》します。(6)空欄のあとに「いらいらした気分は、それですっかり消えてしまった」とあることから、孔子の言葉によって子路の不安も晴れて、すっきりした気分になったことが分かります。このことから**イ**の「自分の言ったこともまんざらではないぞ」が安心して満足している様子を表しているので、正解と分かります。「まんざらでもない」は「悪くはない(＝よい)」の意味です。**ア**の「いささか難しく考えていたな」は、難しく考えすぎてしまっていたなぁ、という後悔《こうかい》の気持ちがふくまれているので不適切《ふてきせつ》であると分かります。「いささか」は「少し」の意味です。**ウ**は「～だろう」という「疑問《ぎもん》」をいだいているので不適切、**エ**は「評価《ひょうか》されてしかるべきだ」と強い「意見」を表しているので不適切であると分かります。「しかるべきだ」は「当然だ」の意味です。

8～10 ステップ3　52・53ページ

1 (1)例 母の退院のこと
(2)A 妻の退院が先に延びた(10字)　B 息子をがっかりさせる(10字)
(3)くぎ　(4)エ
(5)例 回数券が二冊以上必要になるほど母の入院が延びることは考えたくないから。

考え方

1 (1)バスの回数券を「全部使うことはない」ということが、何を意味しているのかを読み取ります。(2)父の予想とは、回数券を全部使うことはない＝近いうちに少年の母は退院《たいいん》できるだろう、であることをふまえて答えを考えます。十字という短い字数なので、言いまわしを工夫《くふう》してまとめましょう。(3)慣用句の「釘《くぎ》を刺《さ》す」。意味は「念《ねん》を押す、注意する」などです。(4)文章全体を通して、少年と父それぞれの気持ちを把握《はあく》しましょう。父と息子の会話の微妙《びみょう》な違《ちが》いによく注意します。会話の中身の意味を考えながらていねいに読みましょう。「もうちょっと、って?」「もうちょっとは、もうちょっとだよ」のようなやり取りから、気持ちを想像していきます。母の退院は近いと思っている少年と、妻の病気は深刻《しんこく》で入院が長引くことになると知った父、それぞれどんな思いで「笑」ったのかを考えましょう。**イ**⑤の「あざける」は「ばかにする」の意味です。(5)回数券が一冊では足りなくなるということが、何を意味するのかを考えてまとめます。理由を問われているときは、文末の「～から。」を忘《わす》れないように気をつけましょう。

11 伝記を読む

ステップ1　54・55ページ

1 (1)ベートーベン　(2)ア
(3)例 民衆のためにやくにたちたいという思い。
(4)民衆

2 (1)(あ)イ　(い)ア　(う)エ
(2)a 目　b 身　c 道
(3)・ものの真髄を見とおす深い目
・ものの真髄(それ)を表すしっかりした腕
(4)貧乏
(5)真実を描いて人々の心を打つもの

（15字）

考え方

1 (1)ナポレオンに共感して作った曲が出てきますが、主人公はベートーベンです。(2)冒頭の曲名にも注目しましょう。(3)(4)――線のあとに「民衆のために」とあります。民衆のためにどうありたいと思っているかは、最後の一文に書かれています。ベートーベンもほかの音楽家と同じように、貴族《きぞく》のために曲を作っていましたが、初めて自分の思いを表現《ひょうげん》したのです。

2 (1)**ア**「天分」は「天から与《あた》えられた才能・性質」。(2)a…絵を見るのは「目」です。b…骨身をけずる(一生けんめい苦しい努力をすること)。c…道(生き方)。(3)――線の直前に書かれています。(4)「逆境《ぎゃっきょう》」は「不幸な(苦しい)身の上」のこと。(5)筆者は「それがすぐれた作品です」と述《の》べています。「それ」にあたる部分を十五字以内で答えます。

ステップ2

56・57ページ

1 (1)ラジウム
(2)例ラジウムがどうなったかが気になって落ち着かない気持ち。
(3)イ
(4)例マリーの答えが期待どおりだったから。
(5)例科学の発見を独り占めせず、みんなに教えてやろうとする態度。

考え方

1 (1)冒頭に、「とりだすことに成功しました」と書かれているものです。(2)初めて実験に成功したものの様子が気になって仕方がない気持ちを読み取りましょう。(3)空欄《くうらん》の前の段落《だんらく》でピエールとマリーは何について話し合っていますか。(4)「そうだね。まったくきみのいうとおりだ。」とあることから、ピエールもマリーの意見に賛成《さんせい》であり、満足していることが分かります。(5)科学の発見を独り占《じ》めにして利益《りえき》を得るのではなく、科学の発見はみんなの役に立つためにあるものだと思っているといった内容が書かれていれば正解です。

12 随筆・脚本を読む

ステップ1

58・59ページ

1 (1)例棚の本を見上げて背表紙を読み続ける様子。
(2)例そろそろ帰るよ
(3)ア
(4)例その場で読んでしまうのが惜しいから。
(5)Aイ　Bウ　Cア
(6)小学四、五年生くらい　(7)エ

考え方

1 (1)ぼくは何をして「首が痛くな」ったり「足も疲れて」きましたか。「様子」を問われているので、解答の文末を「〜様子。」で終わるように気をつけましょう。(2)――線のあとの言葉から想像しましょう。(3)「そこそこに」は「時間をかけずに」の意味です。本を買ってもらえることがうれしくて、早く本を選びに行きたい様子を読み取りましょう。(4)同じ段落《だんらく》の最後に理由が書かれています。理由を問われたときは「〜から。」でまとめることを忘《わす》れないようにしましょう。(5)「読んでも役に立たない」本を買うことはないので**エ**は不適切だと分かります。AとCに「読みたくてたまらない」と「読みたい」のそれぞれどちらが入るかを考えます。筆者が大人になった今は、ほしいと思う本は自分で買うことができるので、本を十分に買ってもらえなかった子どもの時のように、本に対して「読みたくてたまらない」という強い気持ちが弱くなっていることから、「『読みたくてたまらない』本に出逢う回数が減ってきた」と考えます。(7)この文章で語られているエピソードは、筆者が少年時代から本好きだったことを示しています。三十五歳《さい》の現在では、本を手に入れやすくなった代わりに、小学生のころと同じ感動は味わえなくなっています。だからこそ、同じような年格好の少年を見るとなつかしくなり、今度は本を書く側の人間として、その感動にかかわっていきたいという思いを持っているのです。筆者の考えの中心がここにあることをふまえて、選択肢《せんたくし》を選びましょう。

ステップ2　60・61ページ

1 (1)ト書き
(2)例 藤六は二度とふちにもぐることはなくなり、自分がうるしをひとりじめできると思ったから。
(3)例 藤六が大蛇だと言ったものは、自分がほった竜だと思っていたから。
(4)(主人公)権八(理由)中心的な動きをしているから。
(5)見ていなかった。(理由)あまりの恐《おそ》ろしさに逃《に》げるのが精いっぱいだったから。
(6)イ　(7)イ

考え方

1 (2)うるしをひとりじめにしたい権八《ごんぱち》の様子をつかみます。(3)問いの文章の中にもヒントがあります。状況《じょうきょう》を読み取って、自分の言葉で説明しましょう。(6)「おったろが」は「いたでしょう」の意味。(7)主題とは筆者がもっとも伝えたいテーマです。アの内容は筆者がもっとも伝えたいことではありません。

11〜12 ステップ3　62・63ページ

1 (1)ア　(2)人と動物
(3)ア　(4)そうかな〜あるまい
(5)人間が動物に敬語を使っている点
(6)飼育係・動物
(7)控えめ・曖昧(順不同)
(8)例 動物について語る時、推測している場合は「と思う」を、自分の経験の場合は「である」を使うこと。
(9)学問する人　(10)ウ
(11)①馬　②かえる　③とら

考え方

1 (4)「さもあらん」は「確かにそうであろう」の意味。(8)「と思う」と「である」の使い分けはどのような場合かを読み取ります。(9)最後の段落《だんらく》では飼育の人と何をする人が比較《ひかく》されていますか。空欄《くうらん》に適するかたちは最終行に書かれています。(11)①「馬の耳に念仏(いくら意見をしても全く効き目のないこと)」②「蛇《へび》ににらまれた蛙《かえる》(強いものを前にして、怖くて体が動かないこと)」③「虎《とら》の威《い》を借《か》る狐《きつね》(権力者の力を頼《たの》みにして威張《いば》る人)」

13 詩を読む

ステップ1　64・65ページ

1 (1)イ　(2)エ　(3)ウ
(4)むねを・明るい
(5)例 しっかりやります。という声

2 (1)例 雁はふつう騒がしく鳴くものだから。　(2)エ
(3)羽の音・息切れ(順不同)
(4)心でいたわり合い助け合って飛んでいるから(20字)
(5)ウ　(6)雁の一団

考え方

1 (1)「生気にあふれて立って」と続くことからも、イの「自信」であることが分かります。(2)「しっかりやってね」は母のどんな気持ちがこもったことばだといえるかを考えます。語尾が「ね」であることもヒントとなります。(3)「自信にみち」たわたしは、どんな声でよびかけにこたえるかを考えます。(4)新しいノートと本をつめたかばんを背負《せお》って自信にみちあふれ、力づよく歩く様子を表した部分、歩くうちにふと母のことばが心によびかけ、その声にこたえる部分、再び目に映《うつ》る光景の部分、この三つの

部分に分けられます。(5)何というよびかけであったかを考えましょう。

2 (1)「不思議に黙《だま》って」→「黙っていることが不思議」なのはどうして、と考えてみましょう。百羽もの鳥が集まるとふつうは騒がしいものだと想像ができます。(3)「聞こえない」とあるので音に関する部分だけを答えます。(4)雁が前になり後ろになりと位置を変えて飛ぶのは、後ろを飛ぶ雁の風の抵抗《ていこう》が小さくなり、楽に飛べるからです。ここでは詩の中の言葉を使ってとあるので、「心が心を助け」る様子が描《えが》かれた部分を指定された字数に合うようにぬき出して答えます。

ここに注意 **1** 「カづよく」「生気にあふれて」「こたえる声」などの言葉に注意します。

ステップ2　66・67ページ

1 (1)Aエ　Bイ　(2)ア
(3)エ

2 (1)暮しの山河　(2)イ
(3)例 乗り越えられそうにない問題に思ったこと。(20字)

考え方

1 (1)A星が見えるのはいつかを考えます。Bたんぽぽの「眼にみえぬ」部分はどこかを考えます。(3)「昼のお星」やたんぽぽの根は見えないけれどもあるということに注目します。

2 水(プール)での泳ぎと人生を重ね合わせています。キーワードは「プール」です。最初は「ありました」で、最後が「あります」という対応になっています。思い出の感謝とともに、ひとり取り残されたさびしさを表現しているのが「あります」という現在形の言葉です。

14 短歌・俳句を読む

ステップ1　68・69ページ

1 (1)ア　(2)イ　(3)イ　(4)ウ
2 (1)オ　(2)ア　(3)キ　(4)エ　(5)ウ
3 (1)①ク　②イ　③カ　④エ　⑤オ
4 (1)エ　(2)イ

考え方

1 (1)上の句の「行くのか」「いなくなるのか」という父のつぶやきを、連続した言葉としてとらえます。(4)ふるさとの特ちょうを考えます。

2 「切れ字」に注意して読みます。

ここに注意 **2** 短い句の中に、表されている様子を考えます。(2)「子ども」は元気さ、(4)「最上川」は自然に着目します。

3 どんな場所でよまれたものか考えるようにします。また、短歌の中の重要な言葉に注意します。

ステップ2　70・71ページ

1 (1)Aカ　Bエ　Cオ　Dイ
(2)この世に桜というものがなければ、春の心はどんなにかのんびりと穏やかなものであろうか
(3)ウ
(4)桜は日本人にとっては別格の女王さまだ。(19字)
(5)桜の色は日本の春のやさしい青空とぼんやりした空気とに合う。(29字)
(6)㋐春　㋑夏　㋒夏　㋓春

考え方

1 短歌や俳句《はいく》を読み味わうには、日本古来の文化や季節感を感じ取ることが必要です。そういった背景《はいけい》を前提として、作者の心情が歌われているからです。短い言葉の中で表現するので、言葉の一つ一つ、表現の一つ一つから連想されるものの豊かさが、鑑《かん》賞《しょう》のカギとなっています。

ステップ3 13~14

72・73ページ

1 (1)ウ (2)例道行く人が、咲きこぼれる花を見て明るく、温かなあいさつをした(30字) (3)エ (4)ア (5)イ

2 (1)エ (2)ア (3)海

考え方

1 キーワードは「豊かな町」ですが、何が豊かなのかを読むことです。それは心と言えるでしょう。それに作者は感動しています。

2 郷愁《きょうしゅう》はふるさとをなつかしむ思いです。ここでは母のふところに帰る安心の心です。日本語の海の旧字には「母」が入っています。フランス文学を気にいっていた三好達《みよしたつ》治《じ》は、フランス語の海の発音が母の発音(メール)と同じということを知っていました。詩の形は散文詩です。生まれ育った母の母体へむかう気持ちが安らかな、そして言い表せないような穏《おだ》やかな気持ちをおこさせます。キーワードの「海」という言葉に注目します。

15 説明文を読む

ステップ1

74・75ページ

1 (1)①木のいのちの音 ②木の生命活動が活発な時期だから(15字) (2)ウ (3)d a~cの言葉がかかるのは名詞。dは動詞にかかるから。 (4)聴覚

考え方

1 (1)①「木のなかを流れる水の音」についてくわしく説明されている次の段落《だんらく》に、いくつか水の音の表現がありますが、七字をヒントに探《さが》します。(2)接続詞《せつぞくし》を選ぶ問題は、空欄《くうらん》の前後の内容をしっかり読み直して把《は》握《あく》します。空欄の前では、木の専門家から、木のなかの水の音が聞こえるなどありえないと叱《しか》られた話が書かれています。空欄の後は、木のなかの水の音を「ぼくの耳ははっきりと聞いてい」るという内容ですから、接続詞は「逆接」の意味をもつものになることが分かります。(4)空欄Bから始まる段落以降《いこう》は目を閉じて耳だけをたよりに聴いた音の話が書かれています。二字という字数から最終行の「聴覚」があてはまることが分かります。

ステップ2

76・77ページ

1 (1)だんめん (2)ア (3)大雨が降る~落ちます。 (4)ウ (5)引力 (6)引力が小さすぎるから。 (7)エ (8)イ

考え方

1 (2)空欄《くうらん》Aのあとに「~のような」とあることから、比喩表現《ひゆひょうげん》「まるで~のような」だと分かります。空欄Bのあとには「ありません」という言葉があるので、あとに打ち消しをともなって(「けっして~ない」)つかう副詞だと分かります。(3)——線の前にその内容が書かれています。「こういった」にあたる具体的な内容をもらさないように探《さが》します。(4)接続詞としての「もっとも」は、前の内容に加えて、例外や一部反する内容をつけ足すときに用いられることを覚えておきましょう。(5)二段落の終わりに「つまり地球の引力のために、地球は丸いのです。」とあります。(6)フォボスについて説明されている段落の最初に「~小さな星では引力が小さすぎて」とあるので、この言葉を使ってまとめます。(7)——線「丸くなりたくない」性質は、すぐあとの「つまり」以降で説明されています。

16 論説文を読む

ステップ1 78・79ページ

1 (1) e　(2) イ　(3) ウ
(4) エ

考え方

1 (1)「よく(こういう人が)いる」という文であることに気づけば正解が分かります。(4)内容一致《いっち》の問題は、選択肢《せんたくし》をあわてずにしっかり読んで、本文に書かれていない内容をふくんでいるものを選んでしまわないように気をつけましょう。この文章のキーワードは「退屈」です。「名曲を聞いただけで、インスピレーションが生まれるというのではない」という点に気をつけましょう。ひらめくためには、「退屈」の時間や空間が必要だと言っているのです。

ステップ2 80・81ページ

1 (1) Aエ　Bウ　(2) ウ
(3) エ　(4) オ

考え方

1 (1)空欄《くうらん》Aの直後の「閉鎖性《へいさせい》」→「閉鎖(閉《と》ざすこと)」を手がかりにして、選択肢《せんたくし》から「より閉ざされた意味をもつもの」を選びます。空欄Bは、この文章のテーマが『日本語』が『世界語』になるためにどうあるべきか」だということをおさえられていれば、ウの「世界」が入ると分かります。(2)――線のあとに条件が挙げられています。「許容」は「ゆるす」ことです。アの「自由化」は本文冒頭《ぼうとう》で「まず第一に必要」として挙げられています。(3)「そんなこと」は、ここでは直前の段落《だんらく》の内容を指しています。(4)この文章で筆者は日本語が世界語として成り立つための条件を述べています。柔軟性《じゅうなんせい》、自由化、許容する、補完《ほかん》する、などの条件が必要だと述べています。

15~16 ステップ3① 82・83ページ

1 (1) ㋐専門　㋑肉声　㋒裏切
(2) ア
(3) そうとうな集中力を要するから。
(15字)　(4) 対話
(5) 希薄で不安定な関係(9字)

考え方

1 この文章のキーワードは「読書」と「対話」です。本を読むということは、またそこに読み手と書き手の対話があることを知ることであり、そのためには体験としんぼうが必要であると筆者は述べています。(3)――線①のような感覚を実感したときの話が書かれている段落から、「のめり込《こ》む」ことによって得られる感覚であることがわかりますが、のめり込むためには「そうとうな集中力を」要すると書かれています。理由を問われているときには、文末を「〜から。」で終わらせることも忘《わす》れないように気をつけましょう。(4)すぐ前に「文字を通して、書き手や登場人物の肉声がなんとなく聞こえてくる」とあり、そのことがどんな感覚なのかを考えます。(5)すぐあとの文章に「そういう希薄《きはく》で不安定な関係しか構築できなくなる」とあります。

15~16 ステップ3② 84・85ページ

1 (1) 例 情報がふえるほどコミュニケーションはすくなく、浅く、小さくなっていく性質。
(2) 情報
(3) 例 答えを求めるのではなく、ひたすら読んで感じとろうとすること。
(30字)
(4) 何をどう言ってもうまく語れない、言葉がとどかない、たがいにわかりあえない(という言葉のあり方。)
(5) ア

考え方

1 (1)「反比例する性質」は次の段落《だんらく》で説明さ

れています。「反比例」とは一方が増えるにしたがって、もう一方が減っていく状態であることをおさえます。(2)「代替《だいたい》」とは漢字のとおり代わり(替《か》わり)になる物のことです。筆者はコミュニケーションと情報交《こう》換《かん》を対照的なものととらえているところがポイントです。(4)「わたしたちのもつ言葉」は、テニスのようにおたがいがむきあって「言いたいことを言えば、たがいにわかりあえる」というようなものではなく、スカッシュの壁のように「何をどう言ってもうまく語れない、言葉がとどかない、たがいにわかりあえない」ものだということを読み取ります。(5)この文章で筆者が取り上げているのは、問題に対する模範《もはん》回答ではなく、答えのない中でさぐっていくコミュニケーションです。

ここに注意 1 (4)あとに続く言葉が指定されているので、続けて読んで不自然でない言葉をぬき出します。

17 記録文・報告文を読む

ステップ1 86・87ページ

1 (1)①期間 ②場所 ③時間 ④使用
(2)①音と虫の集まり(方の研究) ②父の大学の (3)11段落

(4)例 計画をたてて、何年も続けているところ。
(5)観察記録
(6)

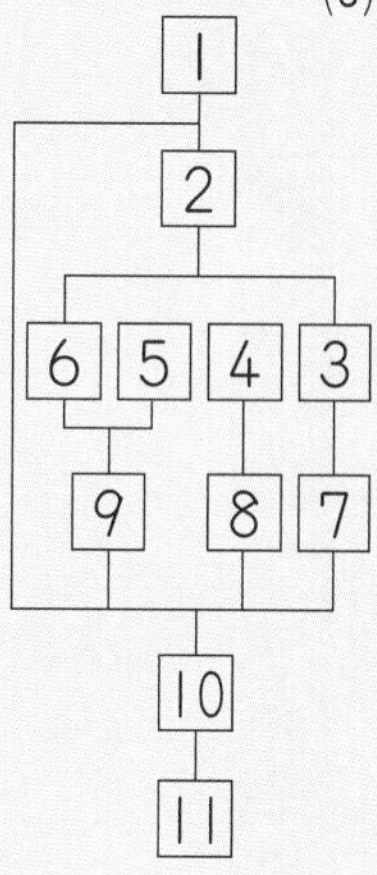

考え方
1 各段落《だんらく》が何について述べられているか、段落どうしはどうつながっているかに注意して読み進めましょう。

ステップ2 88・89ページ

1 (1)Aエ Bイ
(2)㋐タンポポ ㋑サボテン ㋒食虫植物
(3)根
(4)葉をおとし、茎に水分をたくわえている。
(5)葉をつくりかえて捕虫器にし、虫を分解する消化液を用意した。(29字)
(6)つゆ (7)イ・ウ(順不同)

考え方
1 (2)～(5)第一段落《だんらく》でタンポポ、第四・第五段落でサボテン、第六～第八段落で食虫植物を例に挙げて説明しています。(6)「そんなこととはつゆしらず」とは「そんなことは少しも知らない」という意味。「つゆ」は「露(つゆ)」(しずくほど)で「少しも」の意味。(7)内容一致《いっち》問題は、選択肢《せんたくし》をていねいに読んで本文の内容と照らし合わせて確認《かくにん》することが大切です。ここでは「本文の内容と合っていないもの」と問われていることにも注意が必要です。問題文は落ち着いて最後まで読む習慣をつけておきましょう。

18 日記・手紙を読む

ステップ1 90・91ページ

1 (1)ウ (2)イ (3)太陽
(4)例 日の落ちていくようす。
2 (1)④と⑤
(2)親せきの関係
(理由)例「おじさま—花子の親」ということから。
(3)例 入学試験の経験を教えてほしいこと。・祖母が回復してきたこと。
(4)なられました。→なりました。
(5)つずけて→つづけて
(6)心配なことには (7)お伝え
(8)イ

考え方

1 (1)ま南の水平線の上に太陽の上半分だけが見えたということから、筆者は北極にいるのだと分かります。(2)「細い帯」となって「青空が」のぞいていたとあります。(3)ここでいう「円盤」とは「太陽」のことです。

2 (1)勉強のことが書かれている部分で、前後のつながりよく問いの文が入るのは⑤だけです。(2)まず、②の「ご通学のことと」から花子さんは学生であることが分かります。⑦の「おじさまに」は花子さんの親だと考えられるので、わたしと花子さんは「親せき関係」だと判断します。(4)祖母はわたしにとって身内なので、尊敬語《そんけいご》の「なられました」は不適切です。(6)④の「心配」と「不安」が同じ意味の言葉であると分かります。「とても不安でなりません」をけずってしまうと、「国語が不得手なので、」で文が終わってしまうので、「心配なことには」の方をけずればよいと判断します。(7)手紙の場合は「伝える」を使います。解答は文に合うように「お伝え」とします。(8)「めっきり」とは「目立って変化する様子」を意味する副詞《ふくし》です。よって、季節が変わって気温が変化した内容の**イ**が正解と分かります。**ア**は「しっかり」や「必ず」が、**ウ**は「くっきり」や「はっきり」が、**エ**は「たっぷり」や「さらさらと」などがあてはまるでしょう。

ステップ2　92・93ページ

1 (1)エ　(2)食糧難
(3)戦後まだ二年しかたっていなかった(時)
(4)夏には、子　(5)ウ

考え方

1 (1)「とはいっても」のすぐあとに、「内容はたわいないことばかり」と続いていることから判断します。(2)食料が不足していて、常にお腹《なか》をすかしているので、トマト一つのことでも、食べたとか食べてないとかで喧嘩《けんか》になってしまう状態《じょうたい》であると読み取ります。文字数の指定はありませんが、一語とあるので「食糧難」が答えだと分かります。(4)「自乗」の語句注に「2乗のこと。同じ数を二回かけあわせること。」とあります。「考えてみると～」の段落《だんらく》に「子供は他の季節の幾《いく》倍か(何倍か)～」と「倍(かけ算)」の表現があるので、その一文だと分かります。

17～18 ステップ3　94・95ページ

1 (1)イ　(2)イ　(3)ウ

考え方

1 (1)時代背景と、どのような意図で書かれた日記であるかを考えましょう。(3)この段落では「日記をつけることの意味がわからなくなった」人へ、本来「日記」とはどういうことを書くものなのかを説明しています。選択肢《せんたくし》の中で「日記を書く意味」についてふれているのは**ウ**です。**ア**の「ものの見方も楽天的になれる」、**イ**の「自分の中に別の気持ちが生まれてきていることに気がつけば、思いつめていた心も軽くなる」といった内容は本文に当てはまりません。

19 文章の読み取り方 ①

ステップ1　96・97ページ

1 (1)イ
(2)例 現実の時間から解放されて、違う時代の人間の気持ちを想像することができるから
(3)映画や芝居　(4)エ　(5)ア

考え方

1 (1)映画や芝居《しばい》を見ている間、実際とは違《ちが》う時間の流れを、「何の問題もなく」「自然に」受け入れている意味にあたるものを選びます。「すんなり(と)受け入れる」はよく使われる言い回しなので覚えておきましょう。(2)――線のすぐあとに述べられている理由を、自分の言葉でまとめ直しましょう。

「同調」は「調子を合わせること」という意味です。(3)「現実の時間とは大きく異《こと》なって」いるものが「何」かを問われています。夢についての段落の前に、映画や芝居を見ている時間についての話題が書かれているのでそのことだと分かります。「五字」の字数で、より具体的な「映画や芝居」をぬき出します。五字の「物語の時間」では、例えばその「物語」が現実の時間と大きく異なっているものだと言い切れないので、「物語の時間」をぬき出さないようにしましょう。(4)空欄《くうらん》の前で、大金持ちになる「夢からさめて我《われ》にかえると、さっき火にかけた鍋《なべ》がまだ煮《に》えていなかった」とあることから、火にかけた鍋が煮えないくらいの短い時間について言いかえているのだと読み取ります。同じような意味の「栄枯盛衰《えいこせいすい》」(栄えたり衰《おとろ》えたりする、人の世のはかなさ)という故事成語《こじせいご》も覚えておきましょう。

ステップ2　98・99ページ

1 (1) a イ　b ウ　c ア　d カ
(2) エ
(3) 湖から流れ出る川もある。(12字)
(4) エ　(5) ③ エ　⑤ イ　⑥ ア

考え方

1 (1) 接続詞《せつぞくし》を入れる問題では、空欄《くうらん》の前後の文章をていねいに読み直します。aの前後は、アラル海の水はどんどん蒸発する→(だから)川が流れこんでも蒸発する水の量とバランスを保ち、あふれないとつながっています。「だから」をていねいに言った、**イ**の「ですから」を選びます。bは、湖の水のおかげで豊かに暮らしていた人々の話から、川の上流で行われる灌漑《かんがい》農業によって、湖の水がどんどん減ったという内容の段落《だんらく》へつなげるので、「逆接」の意味の接続詞、**ウ**「しかし」が入ると分かります。cは内容説明なので、**ア**の「このように」が入ります。dには、水がどんどん減っていった→アラル海はどんどん小さくなっていったというように、前の内容と同列のものをつけくわえているので、「付加」の意味をもつ**カ**「そして」が入ると分かります。(2)すぐ後ろの文章を見ます。ここはアラル海と日本の湖とを比較《ひかく》している段落なので、それぞれ分けて考え、文章をつなぎます。(3)「アラル海から流れ出る川はありません」とあるので、ここが違《ちが》いだと分かります。句読点もふくめて制限字数におさまるようにまとめます。(4)直前の文を見ます。(5)段落の要約です。それぞれキーワードを探《さが》して考えましょう。

20 文章の読み取り方 ②

ステップ1　100・101ページ

1 (1) 小説を書きはじめたきっかけは何ですか?
(2) 「きっかけなんてありません」のひと言で無理矢理会話を終わらせるやり方。(35字)
(3) 文芸誌の新人賞を(ラッキーにも)もらうことができたから
(4) (小説を書くのが)凄く好きだから。
(5) きっかけ　(6) (自分が)やりたい何か
(7) エ

考え方

1 (1)「こういった」とある場合、その内容は「こういった」よりも前にあります。——線の前に「この手の質問」とありますが、さらに「この手の」が指すものまでさかのぼって、冒頭《ぼうとう》の「小説を書きはじめたきっかけは何ですか?」をぬき出します。(3)——線のすぐあとに答えが述べられています。(4)——線の前後だけでなく、最後まで読み通すと、最後の段落《だんらく》にその理由となる言葉が書かれています。(5)筆者は小説家なので「小説を書きはじめたきっかけ」を聞かれるたびにうんざりすると言っています。(6)若《わか》い人が見つけようとしているものとは何かを考えます。(7)随筆《ずいひつ》では、まず筆者の体験・エピソードが語られ、それについての筆者の感想で文章がしめくくられることがよくあります。最後の段落の内容に注目して、文章の主題(筆者が言いたかったこと)をとらえましょう。

ステップ2　102・103ページ

1 (1)Cウ　Eイ　Fエ　(2)Aイ　Bエ　Dア　(3)予知　(4)イ　(5)例不得意　(6)実際にはできないことをできると約束するような態度。(25字)　(7)科学者の真　(8)わかりました。　(9)ア

考え方

1 (1)接続詞《せつぞくし》を選ぶ問題は、空欄《くうらん》の前後の文章をていねいに読み直して、内容のつながり方を考えましょう。**エ**の「むろん」は「言うまでもなく・もちろん」という意味です。(2)**ア**の「幻想《げんそう》」の「幻(げん)」は「まぼろし」です。「根拠《こんきょ》のない想像」のことを幻想といいます。**イ**の「俗説《ぞくせつ》」の「俗(ぞく)」は「世間の・ありふれた」という意味です。(5)「不得手(ふえて)」は「得手(えて)」＝得意」の反対です。(6)「態度」を普段《ふだん》使っている「様子やありさま」の意味ではなく、「したこと・すること」と読みかえると答えがみつけやすくなります。(7)――線のすぐあとに「～からです」と理由が述べられています。(9)この文章のキーワードは「地震予知」です。これにかかわる科学者の態度を述べています。そして筆者は、科学者とは何が分かっていないかを話すことが責任だと結論《けつろん》づけています。【 ウ 】の前の文をしっかり読みかえしてみましょう。

19～20 ステップ3　104・105ページ

1 (1)みんな(～)ましさ　(2)イ　(3)ウ

考え方

1 (1)そのときの様子が先の段落《だんらく》までこまかく説明されています。ベンちゃんが指揮者《しき》であることが分かれば、六段落の「つまり」以降《いこう》の文の「晴れがましさ」から指定された字数で「ベンちゃんの晴れがましさ」を探《さが》すことができます。(2)登場人物の心情を、表情や情景描写《びょうしゃ》とあわせて推察《すいさつ》しましょう。**ア**の「観客のはく手を受けることが何よりも喜ばしい」、**ウ**の「指揮台に上がるという一番の目標」、**エ**の「全国大会に出るためだけ」といった部分が不適切であることを読み取ります。(3)――線の前の段落が「彼《かれ》の心の中の出来事」です。むずかしい表現で描《えが》かれていますが、ゆっくりと情景を想像しながら読み直してみましょう。「孤独《こどく》な少年」は克久《かつひさ》です。「破顔一笑」の「破顔」は「ほほえむこと」、「一笑」は「ちょっと笑うこと」で、「破顔一笑」はそれまで緊張《きんちょう》などで笑《え》みの全くなかった表情をほころばせて、にっこりした表情をするというイメージです。ベンちゃんが彼に勇気をあたえたと書かれています。

21 意見文を書く

ステップ1　106・107ページ

1 (1)はじめ②④　なか③⑤⑥　おわり①　(2)イ

2 (略)

考え方

2 絵のようすをよく見て、簡潔《かんけつ》に書きましょう。

ここに注意 1 はじめ・なか・おわりに取材メモをあてはめていきます。言いたいことは何なのかを、はっきりさせていきましょう。

ステップ2　108・109ページ

1 (1)イ　(2)B　(3)例日本のごみ問題について

2 (1)豊かさ　(2)イ
(3)例私は今まで、自分の生活の豊かさについて考えたことがなかった。でも、この意見文を読んで、私はやはり物質的な豊かさよりも精神的な豊かさを追い求めていきたいと思った。（80字）

考え方

1 (1)空欄《くうらん》の前で、「日本でも、容器リサイクル法が施行《しこう》されて」いますとあり、空欄のあとには「家電リサイクル法も同じように施行されています」とあり、この文章は「並《へい》列《れつ》」の内容でつながっていることが分かるので、**イ**の「また」を選びます。(2)「4R」とは、①「Refuse（リフューズ）不要なものを買わない・断ること」②「Reduce（リデュース）ごみを減らすこと」③「Reuse（リユース）使えるものは再利用すること」④「Recycle（リサイクル）資源《しげん》としてまた利用すること」の四つの頭文字のことです。(3)この文章では、日本の「ごみ問題」について、ヨーロッパなどの環境《かんきょう》先進国と比べながら意見が述べられています。

2 (1)この文章の中にひんぱんに出てくる言葉に注目します。(2)内容一致《いっち》問題は、選択肢《せんたくし》だけを読んで判断するのではなく、必ず選択肢の内容が本文で述べられているかどうかを一点一点確認《かくにん》しながら選びましょう。正しそうなことが書かれていても、本文で述べられていなければ、それは不正解なので気をつけましょう。(3)意見文を読んで、「豊かさ」について自分自身で感じたこと、考えたことを書きましょう。字数制限があることに注意します。

22 構成を考えて書く

ステップ1　110・111ページ

1 例駅前の道を北へ行きます。右手に病院、左手にお寺があります。／やく二十メートル行きますと、北東かどに、スーパーマーケットがあり、二つ目の十字路が見つかります。／左にまがると、すぐ左手が学校です。

2 ア、オ、カ（順不同）

3 （順番）③②①⑤④

4 (1)障子のひとこま　(2)親つばめ
(3)（障子のさんに止まって）部屋の中をのぞいてみる（ようす。）

考え方

1 地図を見ながら道順を説明する問題ですが、指定された言葉に続くかたちで、相手に分かりやすいように目印を示しながら説明します。

2 テーマが「ケンのこと」であれば「となりのねこと大げんかをした」ことも選びますが、「ケンのいいところ」なので、**エ**は選ばないように気をつけます。

3 はじめ→なか→おわりの構成に合わせます。

4 (1)「そんな小さい通り道」＝「障子《しょうじ》のひとこまを切りぬいた通り道」であることを読み取ります。(2)「つばめ」ではなく、本文に出てくる言葉を使って適切に「親つばめ」と答えるように気をつけましょう。(3)「その」は直前の親つばめが「部屋の中をのぞいて」いることを指しています。

ステップ2　112・113ページ

1 イカをクケに入れかえる。

2 ①序論　②結論　③事実
④結論部分とあう意見
⑤序論部分とあう意見

3 (1)イ
(2)がんばったよ！6（六）年3（三）組

考え方

1 記録文なので、記録の要点となるものを入れます。

2 文章や話し合いなどの構成で大切な「序論→本論→結論」の順をしっかりと覚えておきましょう。

23 目的に応じて書く

ステップ1　114・115ページ

1 (1)①アブラナ　②オレラシア
③キャベツ畑　④キク

2 (1)イ　(2)2.
(3)例 みなさんは、わかばスーパーに行ったことはありますか。わかばスーパーは24時まで開いている便利なスーパーです。しゅんなものなどを目玉商品として入り口に並べたりするなど、商品の並べ方にも工夫が見られます。ぜひ一度、わかばスーパーをおとずれてみてください。

考え方

2 (1)「夜は24時まで開いている」ことから考えましょう。

ステップ2　116・117ページ

1 (1)例 どの年齢でも、投票者数は有権者数を下回り、特に若者は、投票者数が有権者数の半数に満たない年代もある。
(2)例 テレビやインターネットで投票をうながすような広告を流し、若者に選挙をより身近なものだと感じてもらえるようにする。

2 (1)見事に・しまいました(順不同)
(2)例 (たしかに)大西社員は、十八時の時点で発注した弁当をすべて売り切っている。(しかし)その後に新宿支店に来店したお客様は、弁当を買えなかったはずである。(一方)小池社員は、十九時の閉店まで、来店したすべてのお客様に弁当を提供できている。(したがって)小池社員の方がお客様のためを思い、適切な数の発注を行ったと言える。

考え方

1 (1)解答例のほかにも、投票者数が60〜64歳を頂点にした形で山がたをえがいていることや、有権者数に対しての投票者数が、二十代では極端《きょくたん》に少ないことなども読み取ることができます。(2)は(1)で答えた特徴《とくちょう》を改善するための工夫《くふう》を書かなければいけないので、それをふまえて、自分が書ける内容として(1)で取り上げる特徴を決めることもポイントです。

2 (1)「客観」とは、特定の立場からものごとを見たり考えたりするのではなく、第三者の立場として見たり考えたりすることをいいます。客観の反対語は「主観」です。自分の思いや感想を述べることは、そこに主観を入れることなので、「客観性」はなくなってしまいます。次のように変えると、販売部長の報告に客観性を持たせることができます。「見事にカニ弁当は完売となりました。」→完売となりました。「売れ残りが生じてしまいました。→売れ残りが生じました。」問いでは「なるべく短い字数で」とあることに気をつけましょう。(2)部長が「新宿《しんじゅく》支店よりやや小さめの池袋《いけぶくろ》支店でも、小池社員が、高い成果を上げたということがポイントでしょうか」と尋《たず》ねているのに対して、社長が「支店規模の問題ではない」と答えていることに着目しましょう。

ステップ3　21〜23　118・119ページ

1
昨日の夜からずっと
雨がふり続いています。
「明日の朝まで雨がふ
ると、遠足は中止にな
ってしまうのかなあ。」
小さな声で私はそっ
とつぶやきました。

2 (1)復雑→複雑、製服→制服、向い→向かい
(2)
B
しいような
◎この製服
　忘れられ

D
　ある日、先生が、
「山田、残って練習
と、おっしやったとき

(3)とび箱がとべた日のことがあります。
(4)F段落、くださいました→くれました

3 例 弟は、犬にかまれたことがあったからです。

4 (1)ア2　イ3　ウ1
(2)ア2　イ4　ウ3　エ1

考え方

1 会話文は、ふつう「　」をつけ、改行して書きます。また、一番下のマスに句読点が入るときは、改行しません。

4 (1)まず問題提起している文章を探《さが》しましょう。「つまり」は前の文章を受けて、説明やまとめをするときに用いられることもヒントになります。(2)まず話題を提起している文章を探します。次に具体例が書かれている文章を選びます。自分の意見が書かれている文章と自分の意見を投げかけている文章は、前にくる文章とのつながりや接続語に注意して順番を考えます。

総復習テスト①　120～123ページ

1 (1)光の子
(2)片意地な　(3)ウ　(4)イ
(5)エ　(6)絵
(7)未来　(8)Aア　Bイ
(9)光の子には

2 (1)Aカ　Bエ
(2)鳥の歌を聞き、その名を言うこと（15字）
(3)イ
(4)①光はどうして学校へ行かなければならないか（20字）（という問題）
②（光が）自分と同じように騒音がきらいな友達との交流（を通して）音楽が他の人とつながってゆくための役に立つ言葉だということ（に気づいていったこと。）
(5)イ　(6)鳥の歌

考え方

1 「アン」についての思いが書かれています。順を追って、その時々の言葉をとらえながらていねいに読んでいきます。(1)「三字で」とあるので、「光の子」であると分かります。(2)「へんくつ」とは、「性質がすなおでなくて、ひねくれていること」を意味します。正解の「片意地な」は「意地っ張りな」の意味で、すなおでないことと同じです。(3)「アン」と「ジェーン」ふたりの底に流れる、人の幸福を願う気持ちを本心から持っているということに筆者は感動しています。(4)「自分の生き方を示してくれる言葉だと思い」とあるように、「緊張《きんちょう》」の意味合いがあるものを選びます。(5)「はしくれ」は「木材を切ったときの切れはし、はしっこ」の意味です。(6)筆者は「ものを作る人間」で「それをあこがれる気持ちを絵にこめて」とあります。

2 (4)①ここより前で、筆者がいだいた疑問《ぎもん》が書かれているところをさがします。②光の変化が書かれた第五段落《だんらく》から第七段落の内容をまとめます。

総復習テスト②　124～128ページ

1 (1)Aイ　Bア　Cキ　Dオ
(2)イ　(3)6
(4)①雑木林とか原っぱ（8字）　②宇宙基～だった
(5)ウ　(6)林の向～白い雲
(7)人間（は）
(8)自然を否定すること（9字）　(9)自然

2 (1)いのち　(2)ア
(3)Ⅰすべてのもの　Ⅱゆずられ　Ⅲいのち
(4)エ

3 (1)焚火／冬　(2)炎天／夏
(3)菜の花／春　(4)すすき／秋

(5)花火／夏

4
(1)①飛ぶ　②そっけない
(2)ように　(3)切れ・みきれ
(4)(ア)めしあがる　(イ)いただく
(5)①気候　②日本　③は　(6)イ
(7)代　(8)エ

考え方

1 手塚治虫《てづかおさむ》の文章です。名作「鉄腕《てつわん》アトム」で知られているように、人間の誠実《せいじつ》な心を信じて多くの作品を生み出してきました。(1)は前後の文をよく読みます。(4)①はすぐ前の部分に、具体的に挙げられています。以前の町の様子をいっています。②は後の部分です。(6)「そんな」なので、すぐ前の部分を見ます。(9)この文章のキーワードは「自然」になります。

2 ゆずり葉の木を初めに持ってきています。それは生命の循環《じゅんかん》を説明しています。そして「世のお父さん、お母さんたちは何一つ持ってゆかない」とあるように、この部分が作者の訴《うった》えたい内容です。それが「気が付いてきます。」を説明しています。生命の循環がポイントです。

3 俳句に使われる季語はさまざまで、たくさんあります。多くの俳句にふれて、出てきた季語をノートにまとめておくようにするとよいでしょう。

4 (1)辞書にのっている形が「言い切りの形」です。分からない言葉を辞書で調べる習慣をつけると、自然に言い切りの形も身につくようになります。(6)まず、選択肢《せんたくし》の中から「枚」と数えることができるものを選びます。次に、雪が（　）のように見えるので「白い」ものがあてはまると分かります。